KB054001

정의로운 시장의 조건

정의로운 시장의 조건

동양의 애덤 스미스
이시다 바이간에게 배우다

모리타 켄지 지음 — 한원 옮김 — 이용택 감수

매일경제신문사

한국어판 저자 서문

이 책의 주제는 '일본 경제는 어떤 사상에 기반을 두고 있는가?'다. 이 문제에 대한 답을 찾기 위해 18세기에 활약한 사상가, 이시다 바이간을 소생시켰다. 당시 일본의 지배 계급은 무사들이었다. 허리에 두 자루의 칼을 찬 이들이 지금의 정치가, 관료, 지방공무원 역할을 수행했다. 당연히 당시 학자들 또한 대부분 무사였다. 그런데 바이간은 예외였다. 바이간은 농가에서 태어나 포목점에서 오래 일했다. 당시 무사들은 상인은 욕망만을 추구하며 살아가는 사람이라는 편견을 가지고 있었고 상업을 무시했다. 반면 바이간은 상인으로 오래 일하면서 상업과 경제의 구조를 폭넓게 이해했다. 이는 바이간이 다양한 철학과 종교를 열심히 공부했기에 가능한 일이었다.

그는 이후 "상업은 사회에 불가결한 유통을 다루는 일이며 상업으로 얻는 이익은 무사가 받는 봉급과 다르지 않다"고 주장했다. 당시로서는 상당한 용기가 필요한 주장이었다. 바이간은 상업을 소중히 여기고 보호했을 뿐 아니라 상업이 지향해야 할 이상적인 모습도 설파했다. 그는 상업이 항상 공익을 지향해야 한다고 강조했다. 그가 이렇게 공익을 중요시한 이유는 매우 단순하다. 인간은 결코 홀로 살아갈 수 없는 존재이기 때문이다. 또한 바이간은 상인을 비롯한 모든 사람이 검약을 실천해야 한다는 주장을 내세웠다. 이 검약은 물건을 절약하고 돈을 낭비하지 않는 자세만을 말한 것이 아니라 '사물의 본성을 파악해 최대한 효율적으로 이용하는 마음가짐'을 의미했다.

한국 독자들은 이러한 바이간 사상의 근간에 무엇이 자리하고 있는지 직감적으로 알아차렸을 것이다. 그렇다. 바로 '유학'이다. 중국에서 탄생한 유학을 일본으로 전해준 것은 한국 학자들이었다. 백제에서 온 오경박사五經博士들이 일본 정치가들에게 유학을 가르쳤던 것이다. 까마득히 오래된 6세기 때의 이야기다. 바이간의 사상은 그가 타계한 후 제자들에 의해 '석문심학'이라고 명명되어 일본 전국으로 널리 퍼졌다. 놀랍게도 지배 계급인 무사들도 줄줄이 석문심학에 입문했다.

그로부터 200년 이상 석문심학이 일본의 사회적 기반을 형성해왔다고 생각한다. 천연자원이 부족한 일본이 선진국 대열에 올라설 수 있었던 이유는 사회 전체를 배려하며 근면 성실하게 일하는 수많은 노동자가 있었기 때문이다. 우수한 지도자가 국민을 이끌어 경제가 발전한 것이 아니다. 아쉬운 점은 이런 석문심학 사상이 현대 일본에서 서서히 사라지고 있다는 사실이다. '사회가 어떻게 되든 간에 나만 돈을 벌면 그만'이라고 생각하는 사람들이 늘어나고 있는 듯하다. 하지만 그러한 사고방식을 지닌 경영자가 이끄는 기업은 일시적으로 커다란 이익을 취할 수 있을지는 몰라도 장기적으로는 틀림없이 쇠퇴의 길을 걸을 것이다. 100년이 넘게 지속되고 있는 일본 기업은 분명 석문심학과 일맥상통하는 이념을 내걸고 사회 전체의 행복과 이익을 지향하며 활동해왔다.

석문심학은 일본의 사상이지만, 앞서 말했듯이 그 중심에는 유학이 있다. 그러므로 분명히 한국 독자들도 많은 부분에 공감할 것이라고 확신한다. 이 책이 경제와 일의 의미를 다시금 깊이 생각하는 계기가 되기를 바란다. 마지막으로 한국어판을 출간해준 매경출판과 번역을 담당해준 한원 님께 진심으로 감사드린다.

모리타 켄지

도덕 없이는 시장도 없다

시공간의 경계는 종종 쉽게 무뎌진다. 어지러운 효과음과 함께 등장하는 타임머신이나, 원하는 곳으로 순간이동 하는 영화 속 장면을 말하는 것이 아니다. 깊은 사유의 결과물은 수백 년 동안 토론의 주제가 되고, 지구 반대편 누군가의 고민에 해결책을 제시하기도 한다. 우리는 그것을 '고전'이라 부른다.

이 책은 일본의 18세기 학자 이시다 바이간이 창시한 석문심학石門心學의 본질과 그 형성 과정을 이야기하고 있다. 책 전반에 걸쳐 도덕이 전제된 경제를 설명하며, 이윤의 크기가 아닌 과정의 의미를 일관되게 강조한다. 인간의 본성에 대한 고찰을 바탕으로 검약, 근면, 공감, 정직 등 윤리 시간에 배웠음직한 개념의 틀로 경제적 가치를 판단해야 한다는 이야기다.

성장의 크기와 성과의 양으로 기업과 개인을 평가해온 지난날 우리 경제에는 뼈아픈 지적이다.

애덤 스미스와 피터 드러커의 등장도 인상 깊다. 서로 다른 시간과 공간을 살아갔지만, 마치 함께 대화하듯 서로의 의견에 격하게 맞장구치고, 때로는 견해의 차이를 보이며 수준 높은 토론을 이어간다.

"2020년 대한민국에서 왜 이시다 바이간을 이야기하는가?" 책을 펼쳐 낯선 이름을 접하게 된 독자들이 가지는 의문일 것이다. 이시다 바이간은 상점에 첫발을 내딛은 이후 수십여 년간 소위 잘나가는 직원이었다. 40대 초반에 과감히 하던 일을 그만두었고, 일상에서 깨달은 것들을 집대성해 정리하기 시작했다. 본격적으로 사상을 설파하기 시작한 나이가 45세였으니 하던 일을 그만둔 것은 쉽지 않은 결단이었을 것이다. 그가 남긴 석문심학은 제자들에 의해 더 널리 알려졌고, 근대화가 시작되며 사회 전반에 본격적인 영향력을 끼치게 된다. 그 이후 일본은 상업에 대한 철학적 기반을 다지며 경제 대국으로 성장했다.

세계 경제 질서가 시시각각 변하는 지금, 이시다 바이간의 사상이 재조명받으면서 다시 한번 그의 강연이 시작되고 있다. 석문심학을 바탕으로 복잡한 개념들을 정리해 가다 보면, 현재 우리가 살아가는 모습이 더욱 선명하게 드러난다. 놀랍게도 수

백 년 전 그가 했던 고민과 지향점은 마치 지금 우리가 직면한 문제를 직접 보고 있는 듯한 인상을 준다.

이미 우리 사회는 착한 기업, 정직한 회사에 주목하기 시작했다. 지난해 BRTBusiness Round Table(미국 200대 기업의 이익을 대변하는 경제 단체로 아마존의 제프 베조스, 애플의 팀 쿡 등 주요 기업의 CEO를 회원으로 두고 있다)는 기업의 존재 목적을 "고객, 직원, 관계사, 지역사회 등 모든 이해당사자의 번영을 목적으로 한다" 선언했다. 전 세계적으로 'ESG(환경·사회·지배구조)', '지속가능한 성장', '회복탄력성' 같은 새로운 가치들이 기업과 조직을 평가하는 중요한 기준이 되었다. 업의 본질을 고민하고 도덕적인 과정을 거쳐 창출한 이로움을 세상과 함께 나누는 것. 이시다 바이간의 깊은 성찰이 시대와 공간을 관통하고 있다.

이 책을 번역하는 과정이 쉽지만은 않았다. 현인들의 생각을 바르게 옮기기 위해 많은 시간과 집중력이 필요했다. 그러나 단어와 문장에 담긴 명쾌한 통찰과 지혜를 접하며 느끼는 희열로 충분한 보상이 되었다. 숨가쁘게 달려온 우리 사회도 답을 찾아야 할 때다. 이 책을 통해 우리 사회 많은 이들이 도덕적인 경제 주체로 자리 잡아가기를 기대해본다.

한원

머리말

경제학부에 입학했을 때, 지정된 교재와 참고서를 구입하고 집으로 돌아와 이 책 저 책 들춰보다가 위화감을 느꼈다.

'일본 사람이 전혀 없네!'

그렇다. 교재에 등장하는 수많은 인물 중에 일본인이 단 한 명도 없었던 것이다. 아마 이런 상황은 지금도 그다지 달라지지 않았을 것이다. 경제학 입문서에는 프랑수아 케네François Quesnay, 애덤 스미스Adam Smith, 데이비드 리카도David Ricardo, 알프레드 마샬Alfred Marshall, 존 케인스John Keynes 같은 서양 학자들만 등장한다. 경제학사나 경제사상사 서적에도 일본인이 등장하는 경우는 거의 없다. 경제학 분야에서 어떻게든 일본인의 이름을 찾고 싶다면 《일본 경제사상사》처럼 처음부터 일본 이야기에 한정된 서적을 펼치는 수밖에 없다.

고학년이 되어 경제학사를 연구하는 세미나에 들어갔을 때, 드디어 일본인의 이름, 시부사와 에이치渋沢栄를 들을 수 있었다. '일본 자본주의의 아버지'라고 불리는 인물이었다. 그러나 그 이후 세미나에서 두 번 다시 일본인의 이름을 듣지 못했다. 나 역시도 일본인이 아닌 프리드리히 하이에크Friedrich Hayek를 주제로 졸업 논문을 쓰고 학부를 졸업했다.

학창 시절, '과학적 관리법'으로 유명한 프레드릭 테일러Frederick Taylor와 허버트 사이먼Herbert Simon의 이야기가 저학년 책에 실려 있었다. 경영학 책에는 실제 경영자의 예로 마쓰시타 고노스케松下幸之助와 혼다 소이치로本田宗一郎가 소개되어 있었다. 그런 점에서 경영학 교재는 경제학 교재와 다르다고 할 수 있다. 그러나 경영학 이론과 사상을 구축한 인물로 일본인이 소개되는 경우는 거의 없다. 경제학 · 경영학에서 세계적으로 중시되는 일본인 학자가 없는 것이다.

그렇다면 일본이 근대화할 수 있었던 것, 전후에 경제대국으로 올라설 수 있었던 것은 서양으로부터 경제와 경영에 관해 배운 덕분일까? 아니면 노동자들이 현장에서 열심히 일해주어서 이론이나 사상 없이도 경제 발전이 가능했던 것일까? 전부 틀렸다. 건축학 없이 고층 건물을 지을 수 없듯이, 근대적 경제와 경영을 실현하기 위해서는 그것을 뒷받침하는 이론과 사상이 반드시 필요하다.

만약 일본이 과학기술, 사회과학 분야에서 앞서 있던 서양의 선진국을 배우고 모방했을 것이라 생각한다면 이는 메이지 시대(1868~1912년)가 시작되기 전 265년 동안이나 지속된 일본의 에도 시대를 고려하지 않은 것이다. 그 시대를 산 이들이 지금 우리가 배우는 학문에 전혀 관여하지 않았다는 뜻인데, 과연 올바른 판단일까?

에도 시대 말기에 일본으로 몰려온 외국인들의 눈에 비친 일본은 그들이 상상하던 모습과 크게 달랐다. 당시 외국인들은 일본의 뛰어난 기술, 우수한 경제 시스템에 놀랐다. 에도 시대에 이미 상당한 발전을 이룰 수 있었던 힘의 원천은 '이름 없는 서민'이었다. 당시 기록에 따르면, 일본의 상인과 농민은 매우 근면하게 일했다. 일을 마치면 열심히 놀면서 피로를 풀었고, 매일 목욕했다. 어렸을 때부터 교육을 받아 글을 읽고 쓸 줄도 알았다. 에도 시대 말기의 문자 해독률은 세계 1위로 추정된다.

일본의 민중이 뛰어난 노동자였다는 사실은 일본이 순식간에 근대화할 수 있었던 이유였고, 제2차 세계대전 후 경이적인 속도로 부흥을 이룰 수 있었던 원동력이었다. 지도자가 획기적인 경제정책을 생각해내 경제력을 끌어올린 것이 아니었다. '우수한 노동자들'이 그 원동력이었다.

많은 사람들이 '일본은 어떻게 해서 우수한 노동자를 많이 키워낼 수 있었을까?' 의문을 품을 것이다. 그 의문에 대한 하나의 해답이 이시다 바이간石田梅岩의 '심학心學'이다. 나는 석문심학石門心學이 당시 경제와 경영에 관한 획기적인 가르침을 주었다고 확신한다. 석문심학은 교토의 상인이었던 이시다 바이간이 창시한 학문이다. 학문이라고는 하지만 지금의 학문과는 성격이 다르다. 이시다 바이간은 '사람은 어떻게 사는 것이 올바른가?' 깊이 고민했다. '학문'이라기보다 '철학'에 가까운 고민이었다. 바이간은 인간에 관해서만 고찰한 것이 아니라, 사회 구조와 다양한 직업이 어떤 역할을 맡는지도 탐구했다.

바이간은 상인으로 일한 경험 덕분에 '상업', '경제', '경영'을 자연스럽게 이해할 수 있었다. 상인을 그만두고 전업 사상가가 된 후로는 상업, 경제, 경영을 명확하게 설명하는 데 온 힘을 쏟았다. 그 설명은 당시의 많은 학자들처럼 특정 사상의 틀에 얽매이거나 종교적인 구원을 전제로 하는 것이 아니었다. 바이간은 엄연한 경제학자이자 경영학자였다. 현대의 사회과학처럼 수치에 매몰되지 않고 '인간 본성이란 무엇인가?'라는 의문에서 이야기를 시작해 경제 · 경영을 논했다. 그의 사상은 서양의 애덤 스미스의 사상과 매우 닮았다.

바이간의 사상은 그의 제자들에 의해 일본 전역으로 퍼져나갔다. 다양한 계급의 사람들이 그의 사상을 열심히 공부했다. 어떻게 그런 일이 가능했을까? 바이간의 사상은 매일 반복되는 '일'에 커다란 의미를 부여해주는 역할도 맡았기 때문이다. 바이간의 가르침에 깊은 깨달음을 얻어 온 가족이 석문심학에 입문한 다이묘大名(중세 일본에서 각 지방을 다스리던 영주—역자)도 있었다. 바이간의 생각을 배운 사람들은 도덕적 성장을 이루었고, 감정과 행동에 자신감이 생겼으며 원만한 인간관계를 유지하는 노력을 기울였다.

흥미로운 사실은, 도덕적 성장을 이룬 사람들 대다수는 일의 성과도 이전보다 나아졌다. 이시다 바이간의 가르침대로 '근면과 검약에 힘쓰는 정직한 상인'에게 예상치 못했던 막대한 재산이 생기는 경우도 있었다. 정직하게 주변을 배려하는 민중이 국가의 경제 발전에 공헌하기 시작한 순간이었다.

이런 이유로 이시다 바이간의 사상이 일본 경제력의 비밀이라고 말하는 전문가들이 많아졌다. 경제 · 경영을 생각할 때 '인간 본성'을 파악하는 일은 그다지 효과가 없다고 생각하는 이들이 꽤 있을 것이다. 이해하기 쉬운 매뉴얼에 익숙한 현대인의 눈으로 보면 이시다 바이간의 사상은 쓸데없이 돌아가는 방법으로 여겨질 만하다. 그러나 현대의 뛰어난 사회과학자는 '인간 본성이란 무엇인가?'라는 질문을 잊어서는 안 된다. 특히 지지 기반이 두터운 학자라면 더더욱 이 질문에 적극적으로 임해야 한다. 근원적인 사고를 기반에 두고 사회 문제에 접근하려는 경향은 최근 더욱 강해지고 있다.

근원적 사고를 고수해온 저명한 학자로 피터 드러커Peter Drucker

| 이시다 바이간

를 꼽을 수 있다. 피터 드러커는 '인간이란 어떤 존재인가?', '인간은 어떤 삶을 바라는가?' 등의 철학적 의문과 구체적인 기업 경영의 방법을 항상 나란히 두고 이야기했다. 기업 경영, 기업의 사회적 역할을 이야기할 때도 반드시 인간 본성을 의식했다. 그가 뛰어난 경영 사상가인 동시에 인생을 다시 생각하는 계기를 마련해준 위인으로 평가받는 이유는 이 때문이다.

실제로 경영에서 커다란 성과를 낸 인물도 이 같은 철학적 의문에 무관심할 수 없었다. 전후 일본을 대표하는 실업가 마쓰시타 고노스케는 인간의 본질을 탐구하면서 실제 경영에서도 성공을 거두어 일본은 물론 전 세계에 막대한 영향을 끼쳤다. 그가 인간 본성을 탐구한 성과는 《인간을 생각하다人間を考える》에 기록되어 있다.

> 우주 만물 일체에는 각각 고유의 특질이 있다. 그곳에 각각의 존재 의미가 있다고 여겨진다. 소에는 소의 특질, 말에는 말의 특질, 나무에는 나무의 특질, 돌에는 돌의 특질…… 각각의 특질이 있는 것이다. 그렇게 서로 다른 특질을 지닌 만물 속에서 인간에게는 인간의 특질이 있다. 지금까지 설명했듯이, 인간은 우주를 인식하고, 우주에 작용하는 자연의 섭리를 해명하고 만물 각각의 본질을 밝히면서, 그것들을 활용할 수 있다.

언뜻 보면, 에도 시대 유학자의 글을 현대어로 번역한 듯한 오묘한 내용이다. 그러나 인간의 본질을 탐구하는 여행은 마쓰시타 본인에게는 경영을 올바로 실천해나가는 데 필수적인 과정이었다는 사실을 알 수 있는 글이다.

마쓰시타가 이시다 바이간의 사상에서 어떤 영향을 받았는지는 정확히 알 수 없다. 그럼에도 불구하고 만물에 고유의 특질이 있다는 지적이나, 자연의 섭리를 해명해 활용한다는 관점은 바이간의 철학과 부합한다. 경제와 경영을 고민할 때, 항상 인간의 본성부터 파헤쳐보는 일은 특별한 것이 아니며 오히려 당연하고 올바른 자세다.

모리타 켄지

이 책의 핵심

〈머리말〉에서 이야기한 문제의식을 바탕으로, 이시다 바이간의 사상을 해석했고 현대를 살아가는 우리가 그의 사상에서 얻을 수 있는 인사이트를 책에 담았다. 설령 이시다 바이간이라는 이름을 들어본 적이 없다 해도 책을 읽어나가는 과정에 문제가 생기지는 않을 것이다. 고문古文을 읽지 못해도 상관없다. 인용한 바이간의 글을 전부 메시지를 잘 유지한 현대어로 바꾸어놓았기 때문이다.

이 책은 특정 문제에 관한 간결한 해답을 제시하는 부류의 책이 아니다. 그러나 심각한 문제를 안고 있는 현대 경제와 기업 경영을 어떻게 파악해야 적절한 처방과 치료를 할 수 있을지에 관한 심층적 고민, 솔루션을 담았다. 책은 7장으로 구성되어 있으며 각 장별 내용을 대략적으로 소개하면 다음과 같다.

1장에서는 이시다 바이간이 살았던 에도 시대 말기에 이미 '근대화를 이끌어내는 경제 시스템'이 완성되었음을 확인하고, 이시다 바이간의 사상이 무엇인지 개괄한다. 이시다 바이간의 심학과 근대가 서로 관련이 있다고 처음으로 이야기한 사람은 미국의 사회학자 로버트 벨라Robert Bellah다. 그가 왜 심학에 주목했고, 심학에서 어떤 근대화의 싹을 발견했는지 다룬다.

2장에서는 애덤 스미스로 이야기를 시작한다. 그동안 애덤 스미스는 많은 경제학 교재에 '보이지 않는 손'과 함께 시장 원리의 발견자로 소개되는 정도였으므로 그가 어떤 사상가였는지 상세히 생각해볼 기회가 적었다. 그의 사상적 가치는 도덕과 경제의 관련성에 관해 집요하게 고찰했다는 데 있다. 그에 관해서는 《도덕감정론The Theory of Moral Sentiments》과 《국부론The Wealth of Nations》의 내용을 파악해야 제대로 알 수 있다. 애덤 스미스의 인간 본성론에서 이시다 바이간의 상인론으로 논의를 이어가고, 마지막으로 '공동체'를 어떻게 받아들여야 하는지에 관해서도 생각해보겠다.

3장부터 5장까지는 몇 가지 주제를 제시하면서 바이간의 사상을 소개한다. 과거 상업을 천하게 여기던 분위기와 그런 분위기가 생겨난 이유를 고찰해보면 바이간의 사상이 얼마나 혁신적인 것이었는지 알 수 있다.

이시다 바이간이 도덕과 경제를 연결하면서 핵심으로 이야기한 개념이 바로 '검약'이다. 바이간이 말한 '검약'은 일반적으로 이야기하는 절약, 검약보다 깊은 의미를 지니는데, 이를 올바르게 이해하면 '경제를 뒷받침하는 도덕'에 한층 가까이 다가갈 수 있을 것이다.

이어지는 6장에서는 현대적인 주제, 자기실현, 비정규직의 증가 등을 다루고, 그에 대한 심학의 접근법을 살핀다. 여기서 심학이 과거의 유물이 아니라는 사실이 증명된다.

마지막 7장에서는 최고로 일컬어지는 현대 사상가 중 한 명인 피터 드러커의 사상과 바이간의 사상을 비교하며 이야기를 계속해나간다. 나는 늘 두 사람의 사고방식, 특히 인간관이 매우 유사하다고 느꼈다. 특히 바이간의 '형形에 의한 마음'이라는 개념을, 드러커의 '역할과 위치'라는 개념으로 다시 생각해보면 그 진의를 더 쉽게 파악할 수 있다. 7장은 바이간의 사상으로 현대를 생각해보는 6장의 연장선상에 있다.

본문에 인용한 서적들은 권말의 〈주요 참고 문헌〉에 정리했다. 상세한 내용은 각 문헌을 참고하기 바란다. 가능하면 평이하게 문장을 쓰려고 노력했지만, 다루는 내용의 깊이에 이끌려 읽기 어려워진 부분도 있을지 모른다. 그런 부분이 나오면 주저하지 말고 해당 부분을 건너뛰고 일단 끝까지 전체적으로 한 번 읽어 봐주었으면 한다.

나는 이시다 바이간이 현대의 경제학 · 경영학 교재에 실려 있지 않은 것이 잘못이라고까지는 생각하지 않는다. 그러나 이시다 바이간의 사상을 빼놓고는 경제와 기업의 힘과 논리를 이해할 수 없다고 소리 높여 주장하고 싶다. 더 나아가 일본이라는 국가가 근대화에 재빨리 대응할 수 있었던 이유, 제2차 세계대전 후에 기적의 부활을 이룰 수 있었던 이유에 관해서도 결코 제대로 이해할 수 없다고 생각한다.

사회과학이라 불리는 학문은 '사상'이라는 불합리한 요소를 배제함으로써 범용성을 높이고 지금의 모습을 갖췄다. 그런 학문의 장점도 충분히 알고 있다. 하지만 국제화가 심화되는 과정에서 실제로 벌어지는 일들은 '불합리한 가치관의 충돌'이다. 경제 · 경영을 이야기할 때 '철학'을 무시할 수 없게 된 것이다. 이에 대응해 앞으로는 '사상'이 차지하는 비중, 그 중요도가 지금보다 훨씬 커질 것이다. 그때, 반드시 이시다 바이간을 떠올려야 할 것이다.

| 차례 |

제3장 상업은 정직에서 시작된다

제4장 검약은 개인만을 위한 것이 아니다

제5장 일과 인생의 의미

제6장 위기 때 빛나는 자기경영

제7장 살아남는 기업이 되기 위하여

제1장

지금,
왜
도덕적 기업을
말하는가?

끝을 알 수 없는 긴 경제불황

• •

'잃어버린 20년'이라는 쓸쓸한 표현이 이야기하듯, 일본 경제는 1991년의 거품 경제 붕괴를 기점으로 출구가 보이지 않는 불경기를 이어가고 있다. 여러 가지 경기 부양책도 어디까지나 임시방편에 불과할 뿐, 근본적인 해결책은 아직도 찾아내지 못한 것 같다. 경제 침체로 인해 새로운 문제들도 터져 나오고 있다. 심각해지는 취업난, 불안정한 비정규직의 증가, 노동자를 일회용품 취급하는 블랙기업의 출현 등 청년층과 빈곤층을 겨냥한 것 같은 문제들은 전후 일본의 주축이었던 중산층의 해체와 빈부 격차 확대로 이어졌다.

'경제를 이대로 방치하면 되돌릴 수 없는 상황에 이르지 않을까' 하는 커다란 불안을 누구나 느끼기 시작했다. 하지만 그와 동시에 일본 안팎의 많은 사람들은 상반된 생각도 품고 있다. 경제가 이대로 무너지지 않고 언젠가 반드시 부활할 것이라는 희망을 놓지 않고 있는 것이다. 현재 상황을 완전히 긍정적으로 바라보는 낙관주의자는 적지만, 미래를 절망적으로만 바라보는 냉소주의자 역시 그다지 눈에 띄지 않는다.

일본 경제에 대한 신뢰는 주로 두 가지 역사적 경험에 근거를 둔다.

첫째, 일본이 비서양권 국가 중 가장 빠르게 근대화에 성공했다는 사실이다. 둘째, 제2차 세계대전 패전 후 20년 남짓밖에 지나지 않은 1968년에 GNP(국민총생산) 세계 2위로 올라섰다는 사실이다. 이 두 가지 사실은 모두 세계 경제 상식으로는 상상하지 못할 기적이었다. 이 두 가지 사실이 '일본 경제는 특별하다'는 인식의 기반이 되었다.

예전에는 일본의 근대화가 이른바 '서유럽의 충격Western Impact'에 의해 이루어졌다는 생각이 주류였다. 이는 일본이 서양의 근대적 공업 기술을 배우고 때로는 모방해서 근대화를 달성했다는 견해다. 이 견해에 따르면 근대적인 제도와 문물을 일본에 들여온 주체는 '외국인 초빙사お雇い外国人(일본의 근대화 시기에 서양의 선진 문물을 받아들이기 위해 고용한 서양인—역자)'가 된다.

올바른 견해일까? 만약 이 견해가 타당하다면, 여러 선진국의 기술을 개발도상국에 이식하는 것만으로도 경제적 근대화가 가능하다는 단순한 논리가 성립된다. 또한 이러한 견해가 올바르다고 하면, 왜 수많은 비서양 국가들이 오랫동안 근대화를 이루지 못했는지 설명할 수 없게 된다.

근대화는 정치와 경제라는 두 가지 측면으로 살펴볼 수 있다. 개인의 자유와 평등을 중시하고 민주주의를 정치의 기본으로 삼는 근대화의 정치적 측면이 서양의 사상과 흐름을 따랐다는 데 이견이 없을 것이다. 그러나 근대화의 경제적 측면은 그렇게 생각하기 어렵다. 일본이 다른 비서양 국가들과는 크게 다른 방법으로 근대화 추진에 매진하게 된 경제적 토양은 무엇이었을까?

일본의 급성장 저력을 파헤치다

• •

자신을 스스로 평가하고 판단하기는 어려운 법이다. 그게 가능하다 하더라도 자칫 자기애에 빠지거나, 반대로 자학에 의해 판단이 흐려지기 마련이다. 그런 이유로 문화인류학의 현지 조사Field Work는 '이문화 사람들을 조사하는 것'만을 의미한다. 자문화에 대해서는 조사의 객관성을 담보하기가 매우 곤란하기 때문이다. 그렇다면 일본의 근대 전야를 객관적으로 알기 위해서는 당시에 일본을 방문한 외국인의 관점으로 기록된 자료를 참고하는 편이 적절할 것이다.

일본의 근세는 흔히 에도 시대와 함께 막을 내렸다고 여겨진다. 정확히 따지자면, 메이지 시대의 초기는 아직 근세이지 근대라고는 할 수 없을 것이다. 설령 그렇더라도 '에도 시대가 근세의 종결 시점에 위치한다'는 인식은 크게 틀리지 않는다.

'에도 시대 말기에 일본을 본 외국인'이라고 하면, 흑선黑船(근세 일본에서 근해에 출몰하던 서양의 대형 함선을 일컫던 말—역자)을 타고 일본에 내항한 미국인을 꼽을 수 있을 것이다. 에도 시대에 나가사키의 데지마出島(네덜란드 상인의 교역이 독점적으로 허용되었던 인공 섬—역자)에서 교역하던 네덜란드인은 일본인과 오랫동안 어울려 왔기 때문에 '현지 조사' 자격을 상실했다고 생각한다. 따라서 흑선의 승무원들이 일본을 어떻게 바라보았는지 그 증언부터 확인해보는 것이 먼저다.

함선 네 척을 이끌고 내항한 매슈 캘브레이스 페리Matthew Calbraith Perry 제독은 역사적으로 유명한 인물이다. 그가 1853년에 우라가浦賀 근해에 나타난 이유는 다름 아닌 일본을 개국시키기 위해서였다. 쇄국 정책을 펼치던 에도 시대의 일본은 네덜란드, 중국, 조선, 류큐를 제외한 나라들과 교류하지 않고 있었다. 그런 상황에서 미국은 자국 선박의 보급지로서 몇 군데 항구를 개항할 것, 표류한 자국민을 적절히 보호할 것, 통상을 개시할 것 등을 요구하기 위해 일본에 페리 함대를 파견했다.

출발 전부터 철저히 일본을 연구한 페리 제독은 과거 일본과의 교류에 실패한 수많은 사절단과 달리 고압적인 태도로 에도 막부幕府의 관료들에게 요구 사항을 강경하게 들이밀었다. 그런 강경한 요구에도 일본 측은 통상 거부 의지를 꺾지 않았고, 페리 제독은 어쩔 수 없이 한발 물러서야 했다.

1854년, 페리 제독은 끈질긴 협의 끝에 '미일화친조약'을 체결하는 데 성공했다. 그는 개항지인 시모다下田와 하코다테函館에 상륙해 마을의 분위기와 사람들의 생활을 시찰했다. 페리 제독이 귀국 후에 미국 의회에 제출한 문서에는 시찰을 통해 알아낸 에도 시대 말기 일본의 모습이 상세히 기록되어 있다. 페리 제독이 가장 관심을 둔 일본의 미술과 인쇄 기술은 그가 일본에 오기 전, 일본 관련 자료를 통해 파악한 것보다 훨씬 선진적이었다. 그가 사전에 살펴본 자료에는 대부분 '일본인은 원근법을 모른다'고 쓰여 있었는데, 그것은 잘못 쓰인 기록이었다. 일본의 인쇄 기술, 특히 컬러 인쇄 기술은 미국의 최신 기술과 동등한 수준이라는 사실도 깨달았다. 페리 제독은 일본의 상황을 직접 확인한 후, 일본의 장래를 다음과 같이 예상했다.

> 외국인과 교류를 막는 정부 쇄국 정책을 완화하면, 외국의 물질적 진보와 그 성과를 배우려는 호기심, 그것을 자신의 용도에 맞게 적용하려는 마음가짐 덕분에 일본인은 머지않아 가장 풍족한 국가들과 견줄 만한 수준에 도달할 것이다. 일단 문명 세계의 과거와 현대 지식을 습득하기만 하면, 일본인은 장래 기계 기술의 성공을 추구하는 경쟁에서 강력한 상대로 떠오를 것이다.
>
> -《페리 제독 일본 원정기》

매슈 캘브레이스 페리

페리 제독은 개국한 일본이 머지않아 경제적 발전을 이룰 것이며, 과학기술 보유 면에서도 미국의 경쟁 상대가 될 것이라고 예언했다. 그는 학자도 아니었고 경제에 관해서도 문외한이었다. 그가 다른 아시아 국가들을 두루 살펴보았으며, 일본에만 특별히 호의를 품지는 않았다는 점에 주목할 필요가 있다. 그는 싱가포르, 중국, 류큐에 들렀다가 일본에 갔다.

기술력이 있는 근면한 민중의 힘

• •

페리 제독이 내항한 1853년을 기점으로 일본은 격동의 시대로 돌입했다. 그로부터 불과 14년 후인 1867년에 도쿠가와 요시노부德川慶喜(에도 막부의 마지막 쇼군—역자)가 대정봉환大政奉還(에도 막부가 천황에게 국가 통치권을 돌려준 사건—역자)을 하면서 에도 시대는 막을 내렸다. 약 265년이나 지속된 도쿠가와 가문의 치세 중 마지막 14년은 매우 숨가쁜 변화가 일어난 시기였다.

미일화친조약 체결 후 1856년, 미국 총영사 타운젠드 해리스Townsend Harris가 일본에 파견되었다. 1858년, 그를 통해 미일수호통상조약이 체결되었다. 이후 일본은 다른 많은 나라들과 통상조약을 맺었다. 에도 시대가 막을 내릴 때까지 통상조약을 맺은 나라가 11개국에 달했다. 오랜 세월 베일에 싸여 있던 일본이 세계를 향해 급격히 문호를 열어젖히게 된 것이다.

그 11개국 중 한 국가였던 이탈리아의 사절, 아르미뇬Arminjon은 1866년에 일본에 부임했다. 군함 마젠타호의 함장이기도 한 그는 풍부한 교양을 지닌 지성인이었고, 그가 기록한 항해 일지는 당시의 일본을 객관적으로 알아보는 데 적절한 사료가 되었다. 에도 시대 말기를 관찰한 그는 흥미로운 기록을 남겼다.

> 일본의 장인들은 기지가 있는 데다 근면하고, 우수한 특징을 지닌 물건을 보면 자신의 손으로 똑같은 물건을 만들어야만 성이 차는 사람들이다. 자도바 전투 이전부터 일본인은 드라이제 바늘 총Dreyse needle gun의 존재를 알고 있었고, 또한 그것을 높이 평가했다(1866년 프로이센-오스트리아 전쟁 중의 자도바 전투는 프로이센이 최신식 드라이제 바늘 총으로 무장해 대승을 거둔 것으로 유명하다—역자). 미국, 영국, 프랑스, 독일 등이 좋은 제품을 적절한 가격으로 일본에 판매하는 경쟁을 벌인 결과, 일본인의 안목도 높아졌다. 이런 점에서 일본인이 중국인보다 크게 앞선다는 것은 명백한 사실이다. 중국인은 유럽인을 경멸하기 때문에 서양 문명이 물질적으로 우월한 이유를 알려고도 하지 않는다.
>
> -《이탈리아 사절의 에도 시대 말기 견문기 Il Giappone e il viaggio della corvetta "Magenta" nel》

인용문을 통해 중요한 두 가지 사실을 알 수 있다. 첫째는 에도 시대 말기의 장인들이 근면할 뿐 아니라 뛰어난 기술까지 지녔다는 점이고, 둘째는 그들이 해외 제품을 보고 배우려 했다는 점이다.

현재도 일본 기술자들의 수준은 세계적으로 높이 평가받고 있다. 최첨단 전자기기의 경우 그것이 외국 기업의 제품일지라도 일본 중소기업이 내부 부품을 하청받아 생산하는 사례가 많다. 미세하고 정밀한 부품을 만드는 기술에 관해서는 일본이 오랫동안 불황에 시달리고 있음에도 여전히 세계 최고라고 인정받고 있다.

에도 시대 말기의 장인들이 우수한 제품을 보고 적극적으로 배우려고 했다는 사실은 기술적으로 뛰어났다는 것만큼 중요한 특징일 수 있다. 장인들뿐 아니라 상인들도 이러한 면모를 갖추고 있었을 것이다. 장인은 상인들의 주문을 받아 상품을 생산하는 입장이지, 자기 마음대로 물건을 만들어내는 사람이 아니기 때문이다. 상인은 어느 나라에서 발명한 물건이든 가리지 않고 최대한 좋은 상품을 만들어달라고 장인에게 주문했다. 장인과 상인은 근면할 뿐 아니라 유연한 사고를 지니고 있었다. 장인과 상인이 사회적 존재라는 사실을 생각해본다면, 다른 계급의 사람들 역시 비슷한 면모를 지니고 있었다고 예상할 수 있다.

이탈리아 군인이었던 아르미논 외에 소위 유럽의 전문가들도 에도 시대 말기 장인의 기량에 대해 높은 평가를 내렸다. 1863년에 일본을 찾아온 스위스시계업조합회 회장 에임 험버트Aimé Humbert는 "유럽인이 일본 장인을 만나 놀란 점은 그들이 지닌 기교가 극한에 달했다는 사실이다"라고 언급했고, 그 예로 일본의 시계 장인이 일하는 모습을 기록으로 남겼다.

> 장인은 지면에 박아놓은 작은 모루 앞에 쭈그리고 앉아, 시간을 알리는 종을 제외한 시계 장치의 다른 부분을 모두 수작업으로 만든다. 사용하는 도구는 흙바닥에 깔린 돗자리 위에 널려 있던 쇠망치 하나, 줄칼 두세 개, 가위 하나, 송곳 몇 개가 전부였다.
>
> -《그림으로 보는 에도 시대 말기 일본Le Japon illustré》

험버트는 장인이 아니었지만 시계업조합회 회장으로서 시계에 관해서는 전문적인 식견을 지니고 있었다. 그런 그의 눈에, 몇 안 되는 도구로 시계를 조립해내는 일본의 시계 장인이 경이롭게 보였던 것이다.

근대화의 기반을 살피는 일

• •

에도 시대 말기에 일본을 방문한 외국인들의 기록에서 알 수 있는 것은 당시 일본이 이미 '근대화 조건'을 충분히 갖추고 있었다는 점이다. 앞서 일본의 장래에 대한 페리 제독의 언급을 인용한 바 있는데, 이는 그가 중국(청나라)의 상황을 자신의 눈으로 직접 보고 나서 에도 시대 말기 일본을 평가했다는 점에서 특히 중요하다. 중국에서는 근대화의 가능성을 느끼지 못하고 일본에서만 느꼈다는 사실은 중국에서 유입된 철학이나 기술이 아닌 일본의 독자적인 무언가가 에도 시대 말기 일본 근대화의 토양을 다진 것이라고 판단할 수 있다.

페리 제독뿐 아니라 아르미뇬도 일본과 중국을 비교하며 이야기한 바 있는데, 양국 사람의 풍모와 문화가 서양인의 눈으로 보면 매우 닮아 보이기 때문일 것이다. 하지만 양국은 겉으로만 닮았을 뿐 결정적인 차이가 있었다. 서양인들은 그 차이에 흥미를 느꼈다.

에도 시대 말기의 일본에 근대가 탄생하기 위한 토양이 갖춰져 있었다고 가정하면 다음과 같이 생각해볼 수 있다. 설령 일본의 근대화에 서유럽의 충격이 필요했다 한들 '그 역할은 개국의 발단에 불과하지 않았을까' 하는 것이다. 당시 일본 경제는 당장 국제 경쟁 무대에 나서더라도 근대적인 대량생산을 달성하는 데 별 무리가 없었다.

일본은 도쿠가와 막부가 무너지고 얼마 되지 않는 짧은 기간에 서양 열강들과 어깨를 나란히 하는 근대국가로 성장했다. 이 사실을 전 세계에 선명히 드러낸 사건이 1905년에 일본의 승전으로 끝난 러일전쟁이었다. 이 전쟁이 발발한 1904년은 에도 시대가 막을 내린 지 37년밖에 지나지 않은 해다. 페리 제독의 예언이 적중했다고 할 수 있다.

그러면 도대체 어떤 이유로 비서양권 국가 중 일본만이 근대화를 위한 경제적 토양을 다질 수 있었을까? 오랫동안 대외 무역을 제한해왔던 에도 시대 말기의 일본이 높은 경제적 잠재력을 갖추고 있었다는 사실은 선뜻 이해하기 어렵다. 이런 의문에 설득력 있는 하나의 답을 제시한 사람은 일본인이 아닌 미국의 젊은 연구자였다. 그는 일본 근대화의 기반에 어떤 민중사상이 영향을 끼쳤다고 생각했다.

그것은 경제적으로 근면과 검약을 강조하고, 생산을 높이 평가하며, 소비를 낮게 평가했다. 또한 그것은 보편적인 정직과 계약의 존중을 주장하고 종교적으로 강화했다. 그리하여 그것은 도시 계급 사이에서 일상적인 규율을 지니게 되어 실천적·지속적인 태도의 성장에 기여했다. 경제가 산업화 과정에 들어서자 그것은 기업가와 노동자 양쪽에 모두 중요해졌다.

-《도쿠가와 시대의 종교》

사회학자 로버트 벨라Robert Bellah가 쓴 《도쿠가와 시대의 종교》 속 구절이다. 벨라는 1957년에 출판한 이 책에서 일본이 근대화의 조건을 갖추는 과정에서 에도 시대 중기 이후에 번성한 어떤 사상이 중요한 역할을 했다고 논했다. 반복적으로 '그것'이라는 대명사로 불리는 것이 바로 이시다 바이간이 창시한 석문심학 사상이다.

젊은 시절의 벨라가 출판한 《도쿠가와 시대의 종교》는 방법론적으로 막스 베버Max Weber의 업적에서 매우 강한 영향을 받았다. 베버의 근대화론이라고 하면 가장 먼저 《프로테스탄트 윤리와 자본주의 정신》이 떠오르는데, 벨라의 논의도 이 저서의 분석 방법을 그대로 따른다. 베버가 서양 근대화의 원동력인 '자본주의 정신'을 기독교의 칼뱅주의로 파악했다면, 벨라는 그 일본 버전을 석문심학이라고 생각했다.

어떤 과학적 증명이 가능한 이야기는 아니지만 벨라의 주장이 수많은 지지를 얻었다는 사실은 확실하다. 매우 설득력이 있었기 때문이다. 외국에서 전래된 불교나 유학 자체가 아닌 석문심학을 내세웠다는 점에서 벨라의 논의는 세간의 이목을 집중시켰다.

일본을 바꾼 석문심학의 창시자

그렇다면 벨라가 주목한 석문심학은 대체 어떤 사상일까? 창시자의 생애를 살펴봄으로써 그 내용을 가늠할 수 있다.

이시다 바이간은 1685년에 교토의 시골 마을에서 태어났다. 그의 고향 도게東懸 마을은 현재도 산과 논밭이 넓게 펼쳐진 지역인데, 그 풍경은 바이간이 살았던 시대와 크게 다르지 않았을 것이다. 한편 바이간이라는 이름은 나중에 본인이 붙인 호다. 그의 휘는 노리나가興長, 통칭은 간페이勘平였다. 바이간의 집안은 아주 평범한 농가였지만, 흔히 말하는 빈농은 아니었다. 이시다라는 성을 쓰는 것이 용납된 것을 보면 비교적 부유한 농가였다고 추측할 수 있다.

그는 이시다 집안의 차남으로 태어났다. 형이 한 명, 여동생이 한 명 있었다. 어렸을 적에는 가업을 도우면서 지냈는데, 바이간의 아버지 곤에몬權右衛門의 훈육은 그 시대의 다른 농가에 비하면 매우 엄격했던 것 같다. 훗날 바이간은 그 엄격함이 진정한 사랑이었다고 말하며 깊은 감사의 뜻을 표했다. 장남이 아니었던 바이간은 그 시절 농가들의 관습대로 고용살이를 했다. 바이간이 11세 때 교토의 상가로 고용살이하러 떠나기 전, 부모는 그에게 "상가의 주인을 친부모처럼 섬겨야 한다"라고 말했다.

그는 부모님 말씀을 잊지 않고 필사적으로 일했으나, 얼마 지나지 않아 상가의 사업이 기울기 시작했다. 그래도 바이간은 전혀 불만을 터뜨리지 않았다. 그러나 고용살이를 중개해준 지인을 통해 상가의 상황이 점점 악화되고 있음을 전해들은 아버지가 바이간에게 본가로 돌아오라고 지시했다. 이때 바이간은 15세였다. 그로부터 8년 정도를 본가에서 보낸 바이간은 23세가 되었을 때 또 새로운 고용살이를 소개받았다. 교토의 가미교上京에 위치한 포목상가 구로야나기黒柳 집안이었다. 이곳은 바이간의 마지막 직장이 되었다.

그는 포목상가에서 우직하고 성실하게 일했고 수습생에서 간부로, 더 나아가 지배인의 자리까지 올랐다. 23세라는 매우 늦은 나이에 일을 시작했지만, 남보다 더 노력해 업무 능력을 인정받았다. 포목상가에서 일하던 시절의 바이간은 일만 했던 것은 아니었다. 그는 틈날 때마다 학문에 힘을 쏟았다. 일이 너무 바빠 누군가의 제자로 들어가 학문을 배울 시간은 없었다. 이런 상황에서 그가 택한 방법은 책을 읽으며 독학하는 것이었다. 잠시라도 틈이 나면 책을 꺼내 필사적으로 공부했다.

20년 동안 포목상가에서 일한 바이간은 마침내 퇴직을 결심한다. 그는 우수한 직원이었기에 분점을 할양받고 독립적인 사업을 벌일 만한 능력이 있었다. 그렇지만 바이간은 상업 세계에서 완전히 떠나 두 번 다시 상업에 관여하지 않았다.

그는 내면에서 키운 사상을 강의 형태로 전파하는 일을 시작했다. 45세가 된 바이간은 현재의 교토 시 나카교 구 히가시가와초에 있던 자택의 한 방을 교실 삼아 무료 강의를 시작했다. 1729년의 일이다. 전혀 이름이 알려지지 않은 전직 상인이 갑자기 강의를 열었으니 사람들이 많이 모일 리 없었다. 강의를 시작하고 한동안은 수강생이 단 한 명도 없었다. 그러나 좌절하지 않고 꿋꿋이 강의를 지속한 바이간의 교실에 조금씩 사람들이 모여들기 시작했다. 지식과 지식을 활용하는 지혜를 알려주는 강의의 인기가 높아졌다.

바이간은 이후로도 열심히 강의를 이어갔고, 수많은 제자들을 키워냈다. 그러는 동안에 《도비문답都鄙問答》(1739)과 《제가론齊家論》(1744)을 펴내 좋은 평판도 받았다. 그러다 1744년, 아무런 조짐도 없이 갑작스럽게 세상을 떠났다. 향년 60세, 그는 평생 독신이었고, 자녀도 없었다. 남겨놓은 재산이라고는 일상

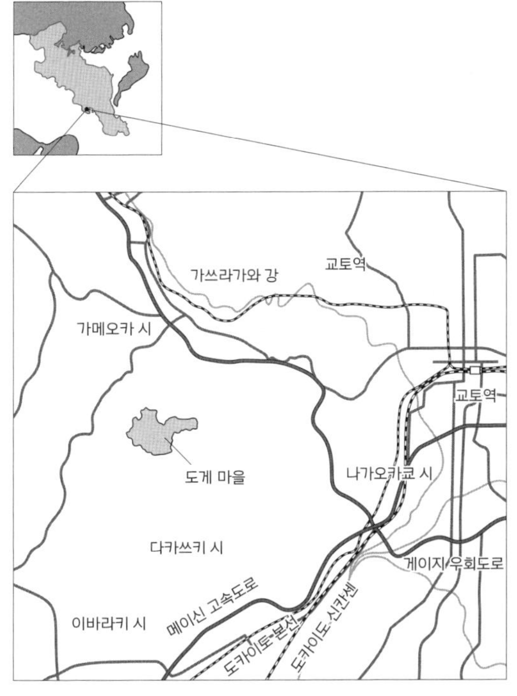

| 도게 마을의 위치

적으로 사용하는 물건 외에 아무것도 없었다. 이처럼 바이간은 60년 생애를 매우 반듯하게 살았다. 그러나 이 전직 상인의 내면은 놀라울 정도로 뜨거웠다. 그 열기는 수많은 사람들의 인생을 근본부터 뒤엎을 만한 힘을 지니고 있었다. 소박해 보이는 전직 상인의 사상이 일본을 변화시켰다.

내가 하는 일의 의미를 모른다면

• •

바이간의 생애를 살펴보면, 정치에 관여한 적도 전혀 없이 교토 땅에서 무탈한 삶을 살다 간 평범한 한 명의 상인이라는 인상밖에 느낄 수 없다. 적어도 그가 근대 시대를 선도한 인물이라고는 도저히 상상하기 힘들다. 그가 창시한 사상은 사후에 진정한 힘을 발휘하기 시작했다. 바이간은 수많은 제자를 두었는데, 그중에는 구로스기 마사타네黒杉真胤처럼 가와치국河内国에서 봉행이라는 높은 벼슬까지 오른 무사도 있을 정도였다. 그러나 바이간의 제자들은 주로 상인이었고 대부분 교토나 오사카에 살았기 때문에 바이간의 사상이 전국적으로 퍼지기 어려웠다.

바이간의 사상이 널리 확산된 계기는 수제자 데지마 도안手島堵庵이 설립한 교육 시설, 심학강사心學講舍에 있다. 데지마 도안은 출장 강의를 하는 동시에 각 지방에 교육의 거점이 되는 심학강사를 세웠다. 이로써 바이간의 사상을 배우는 사람의 수는 비약적으로 증가했다. 도안은 바이간의 사상을 '이시다石田 문파門派의 심학'이라는 뜻으로 석문심학石門心學이라고 명명했다. 그는 바이간의 사상 가운데 난해한 부분을 되도록이면 쉬운 표현으로 고쳐 누구나 이해할 수 있도록 설명했다.

도안의 강의를 들으러 오는 사람들은 대체로 데라코야寺子屋(에도 시대에 성행한 초등 교육 기관이며, 조선 시대의 서당과 비슷한 위상이었다—역자)에서 읽고 쓰기와 주판 정도만을 배운 상인이었다. 그들은 하루의 대부분을 생업에 바쳐야 했으니 자유롭게 공부할 수 있는 시간도 적었다. 도안은 짧은 시간에 중요한 내용을 이해할 수 있도록 쉽게 설명하는 방법을 고민해야 했다.

잇따라 곳곳에 세워진 심학강사에는 날마다 수많은 수강생이 몰려들었다. 그들은 무엇을 위해 자투리 시간을 써가면서 심학을 배우려고 모였을까? 그 이유는 '더 올바른 인생을 살기 위해서'였다. 이 표현이 애매하게 느껴진다면, 다음과 같이 바꿔 말할 수도 있다. 그들은 '일을 포함한 일상적인 행위의 의미가 무엇인지 알고 싶어서' 심학강사에 모였다.

석문심학은 종교와는 전혀 다른 차원의 대답을 제공해주었다. 일상적인 행위의 의미를 모르더라도 살아갈 수 있다고 생각할지도 모른다. 하지만 과연 그럴까? 가령 바이간처럼 아침

시대별로 보는 심학강사의 개설 건수

연대	신설 건수	연평균 개설 건수
1765~1786년 *도안이 살아 있던 시기	22	1.04
1786~1804년	59	3.27
1804~1830년	50	1.92
1830~1868년	42	1.10
총계	173	1.67

《석문심학사 연구石門心学史の研究》(이시카와 겐)를 토대로 작성.

부터 밤까지 포목상으로 일하며 살아가는 사람이 포목상이라는 일에 도대체 어떤 의미가 있는지 모른다면 과연 유의미한 인생을 보낼 수 있을까? 포목상이라는 일의 의미를 알기 위해서는 '포목상이 사회에서 담당하는 역할이 무엇인가?' 의문을 해결하는 것만으로는 충분하지 않다. '왜 하필이면 내가 포목상으로 일해야 하는가?', '왜 내가 상업에 종사해야 하는가?' 그리고 '왜 아침부터 밤까지 성실하게 일해야 하는가?'와 같은 의문까지 포함해서 포목상의 의미를 숙고해야 하는 것이다.

석문심학은 일상의 의미를 찾아준다는 점에서 다른 온갖 사상을 능가하는 힘이 있었다. 종교처럼 특정 신을 숭배하거나 내세의 구원을 약속하지는 않았지만 일상 속 모든 행위의 의미를 고찰하게 만들어 각 행위의 가치를 높임으로써 사람들에게 존엄성을 부여했다.

• •

심학강사에서 도안이 교과서로 선정한 책

서명	성립 시기	분야
1 《사서四書》	—	유학
2 《근사록近思錄》	1176년	유학(주자학)
3 《소학小學》	1187년	유학(주자학)
4 《도비문답都鄙問答》	1739년	심학
5 《제가론齊家論》	1744년	심학

《회우대지會友大旨》(데지마 도안)를 토대로 작성.

심학은 계급을 따지지 않았다. 도안의 제자인 나카자와 도니中沢道二가 적극적으로 출장 강의를 하던 시절에는 다이묘大名(중세 일본에서 각 지방을 다스리던 영주—역자)까지도 심학에 입문했다. 계급 사회였던 에도 시대에 이는 매우 놀라운 사건이었다. 문하생이 된 다이묘의 수 또한 경이적이었다. 이시카와 겐石川謙의 조사에 따르면, 도니와 그의 수제자 세키구치 호센関口保宣과 오시마 우린大島有隣 세 사람에 의해 심학에 입문한 다이묘는 51개 번藩, 64명에 달했다.

또한 이시카와는 심학강사에 관해 상세히 조사해 에도 시대가 끝나기까지 45개의 율령국에서 173개의 심학강사가 창설되었음을 밝혀냈다. 심학강사는 무료로 강의를 진행했고, 남녀노소 누구든지 환영했다. 이러한 태도를 취하는 학교는 이전에는 존재하지 않았다.

근면, 검약, 정직에 관하여

• •

석문심학이 근대와 깊이 관련 있는 사상이라고 평가받는 이유는 무엇일까? 지금까지의 논의만으로는 벨라가 서양의 칼뱅주의에 해당하는 사상으로 일본의 석문심학을 꼽은 이유를 납득하기 어려울 것이다. 이를 알기 위해서는 석문심학을 배운 사람들이 어떤 인생을 보냈는지 파악하는 것이 도움이 된다. 벨라는 심학이 지향하는 바를 다음과 같이 정리했다.

> 명상을 실행하는 것은 세상으로부터 은둔하는 것으로 보일지도 모르지만, 바이간은 그렇게 생각하지 않았다. 그는 사회에서 분주한 생활을 보냈고, 제자에게도 그렇게 할 것을 이야기했다. 명상을 실행하기 위해 황야를 찾아 떠날 필요도 없으며, 그저 여가 시간을 활용해 가게 안쪽으로 들어가

기만 하면 그만이다. 또 검약과 절약을 날마다 실행하고 근면하게 업무에 헌신하는 것은 종교적 생활을 멀리하는 것이 아니었다. 오히려 그것들은 깨달음을 얻는 데 유용했다.

-《도쿠가와 시대의 종교》

벨라는 '명상', '종교적'이라는 용어를 사용해 심학을 설명하고 있는데, 이는 편의상 사용한 용어라고 받아들여야 한다. 심학은 많은 부분에서 종교와 본질적으로 다르다. 따라서 인용문에서 '명상'은 '성찰'로, '종교적'은 '정신적'이라는 용어로 치환해 이해하는 편이 더 정확하다. 용어에 관한 수정 · 보완만 제외하면, 벨라의 설명은 조금도 틀린 바가 없다. 심학을 배운 사람들이 속세를 경멸하고 이탈하는 일은 생각할 수 없다. 일상은 심학을 배우기 이전과 똑같이 지속된다.

중요한 것은 그다음 부분, '심학을 배운 사람들은 검약과 절약을 날마다 실행하고 근면하게 업무에 헌신한다'는 내용이다. 검약과 근면은 심학을 배워 얻을 수 있는 첫 번째 미덕이다. 일상적 행동의 의미를 깨달은 사람들은 검약에 힘쓰고 더 근면해진다. '검약'과 '근면'이라는 용어도 일반적인 쓰임새보다 더 깊은 의미를 지니는데, 그에 관해서는 뒤에서 상세히 다루겠다. 심학이 사람들에게 부여하는 또 다른 특징에 관해 벨라는 다음과 같이 설명했다.

> 바이간은 이익이라는 관념을 강하게 정당화하는 동시에 정당한 이익과 부정한 이익에 관해 매우 단호한 생각을 지녔다. 그가 '정직'의 중요성을 논하는 것도 바로 이 때문이다. 정직이라는 보편적 가치는 그의 사상에서 가장 큰 의미를 가진다. 정직하게 이익을 얻으면 번영하고, 부정하게 이익을 얻으면 파멸한다.
>
> -《도쿠가와 시대의 종교》

이익의 문제에 관해 이야기하는데, 주목할 것은 정직이라는 덕목이다. 사람들은 심학을 익힘으로써 검약에 힘쓰게 되었고 근면 · 정직해졌다. 정직은 자신에게 도움이 되는 것이고, 반대로 부정은 자신을 해치는 것임을 깨달았기 때문이다. 검약, 근면, 정직은 에도 시대라는 과거의 덕목에 그치지 않는다. 오늘날 이 세 가지 덕목을 갖춘 노동자와 기업은 환영받는다.

이러한 덕목이 흥미로운 점은 금욕적이며 강한 극기심을 필요로 하는 것처럼 보이면서도 결국에는 자신의 이익으로 환원된다는 사실이다. 즉 검약, 근면, 정직이라는 성질을 갖춘 노동자는 국부를 증대시키는 동시에 자신도 커다란 이익을 얻을 수 있다. 물론 그 이익은 금전적인 것에만 국한되지 않는다.

이제 벨라가 왜 석문심학과 근대를 관련지어 생각했는지 이해할 수 있다. 그렇다. 석문심학은 결과적으로 우수한 노동자

| 심학을 강의하는 모습
* 《전훈前訓》에서 발췌.

를 길러내는 사상이었다. 그렇다고 해서 인간의 감각을 마비시켜 노동자를 '일하는 기계'로 전락시킨 사상이 아니라는 점에 주의해야 한다. 오히려 일상적인 행동의 의미를 깊이 성찰시켜 개인의 인생을 풍요롭게 만들면서 인간에게 존엄성을 부여하는 사상이 석문심학이다. 그와 동시에 양질의 노동자들을 키워낸다는 점이 그 밖의 사상과 결정적으로 다르다.

이처럼 도덕적으로 올바른 의식을 지닌 노동자가 많은 나라는 결과적으로 어떻게 될까? 생산력이 높아지고 국부가 증대하리라는 것은 의심의 여지가 없다. 최소한 경제적 측면에서만큼은 '근대를 맞이할 토양'을 정비할 수 있다.

지속적인 경제 발전의 기반, 도덕력

• •

다시 현대로 시선을 돌려보자. 일본 경제가 이대로 무너진다고 생각하는 사람은 거의 없을 것이다. 그러나 일본 경제가 매우 혹독한 상황에 놓여 있다는 사실을 부정하기도 어렵다. 하루빨리 적절한 방법을 찾아 부활의 길로 나아가야 할 것이다. 우리는 지금 미래를 결정할 중요한 시점에 서 있다.

매일같이 다양한 미디어에서 경제 전문가들이 그들 나름대로 생각한 적절한 방법을 제시하고 그 유효성을 설파하고 있다. 그러나 그들에게서 위화감을 느끼는 이유는 그들의 주장이 지극히 '자연과학적'이기 때문이다. 그들은 어느 지역의 어느 국가에서나 통용되는 경기 부양책만을 주장한다. 그런 주장은 무균 상태를 유지하는 연구실에서만 효과를 증명할 수 있는 약품과 같다.

'경제학적으로 보면 품질이 높고 가격이 낮은 상품은 상대적으로 큰 수요를 발생시킨다', '공공사업 투자액을 늘리면 피고용자가 늘어나고 결과적으로 소비 활동도 더 활발해진다' 같은 원칙적인 이야기에서는 논리적인 오류를 찾아내기가 어렵다. 수학 공식처럼 완벽하기 때문이다. 그러나 여기에는 역사와 문화라는 관점이 빠져 있다.

같은 시간 동안 같은 임금을 받고 일하더라도, 회사가 직원을 어떻게 생각하느냐 혹은 직원이 회사를 어떻게 생각하느냐에 따라 노동자의 정신 상태는 달라진다. 아무리 거액의 급여가 보장된다 하더라도 경영자가 '직원은 언제든지 교체할 수 있는 부품일 뿐'이라고 생각하는 회사에서는 직원의 업무 의욕이 낮아질 수밖에 없으며 정신 상태도 지극히 피폐해지고 만다.

사람들은 자본주의가 발전할수록 개인의 능력이 정당하게 평가받는 시대가 찾아올 것이라고 기대해왔다. '우수한 인재는 막대한 임금을 제시받고 스카우트될 것이고, 이것이 진정으로 민주적인 사회이며 무엇에도 얽매이지 않는 개인의 시대다.' 이런 희망찬 시대가 곧 다가올 것이라 여겼다. 그러나 지금, 이런 미래상이 헛된 유토피아에 지나지 않음을 깨닫기 시작했다. 현재 일본에서 검토되는 경기 부양책은 국제시장에서 일본의 경쟁력을 높일 것이며, 이는 국부를 증대시킨다는 의미에서는 정답일지도 모른다. 하지만 그와 동시에 빈부 격차를 더욱 확대함으로써 예상치 못한 새로운 사회 문제를 야기할 것이다.

한 나라의 경제는 반드시 그 나라의 역사 및 문화와 연관되어 있다. 따라서 일본 경제를 경제적인 측면으로만 바라보고 생각하면 일본은 사라지고 말 것이다. 경제적인 효율만을 따지면, 일본의 공용어를 영어로 바꾸고 일본어를 소멸시켜야 국제사회에서 확실히 효율적이다. 그러나 언어와 문화는 서로 깊은 관련을 맺고 있다. 일본어의 소멸은 곧 일본 문화의 파괴로 이어진다. 그 나라의 역사적 문맥을 고려하면서 풍요로움을 추구하는 것. 말로 하기는 쉽지만 실제로는 이루기 매우 어려운 과제가 현 시대에 강하게 요구된다.

1990년대에 들어서면서 대부분의 일본 대기업은 되도록이면 값싼 노동력을 찾아 여러 나라로 공장을 이전했다. 인건비를 낮추면 이익률이 높아지기 때문이다. 그러나 중국을 비롯한 예전의 비선진국들이 급격한 경제 성장을 이루자, 그에 따라 높아진 인건비를 부담스러워한 대기업들이 또다시 일본 공장을 철수하기 시작했다.

그런데 대기업의 근본적인 발상은 바뀌지 않았다. 이어서 비정규직 직원을 늘려 인건비를 억제함으로써 이익률을 높이려는 전략이 등장했다. 비정규직 비율을 높이는 것은 인원 조정 업무도 간편하게 만들기 때문에, 표층적이고 단기적인 측면으로만 보자면 기업에 무조건 이득이다. 하지만 비정규직 직원들은 기업에 대한 애착이 부족해 항상 현재보다 좋은 조건의 일자리를 찾아다니게 된다. 자유로운 기업과 자유로운 직원이 탄생하면서 한때 흔했던 가족주의적인 기업을 이제는 거의 찾아볼 수 없다.

가족주의를 표방하는 기업에도 물론 부정적인 면이 있다. 구시대의 가부장적인 경영자가 직원들 위에 위압적으로 군림하는 경향이 강하기 때문이다. 하지만 문제가 조금 있다고 해서 모든 전통을 한꺼번에 없애버리는 것은 현명한 처사라고 할 수 없다. 다시 한 번 숙고할 필요가 있다. 어째서 일본은 근대화를 받아들이기 위한 토양을 자력으로 갖출 수 있었는지, 또한 어째서 비서양권에서 가장 일찍 공업국이 되어 국제 무대에 등장할 수 있었는지 알아낼 때 일본 경제를 되살릴 유용한 힌트를 석문심학에서 찾을 수 있다. 일본 경제의 강점이 도덕력에 숨어 있기 때문이다.

제2장

도덕 없이는 시장도 없다: 이시다 바이간과 애덤 스미스

찰나의 머니 게임을 경계하라

• •

'결코 바람직한 방법은 아니지만, 그렇다고 법에 저촉되는 방법도 아니다.' 투기적인 주식 거래로 우연히 막대한 재산을 얻은 사람에게, 대부분의 현대인은 이런 평가를 내릴 것이다. '심정적으로는 납득할 수 없는 부분도 있지만, 규칙을 어긴 행위는 아니다. 그러므로 그런 행위로 돈을 벌더라도 비판하는 것은 잘못이다.' 우리는 약간의 질투와 함께 이 같은 생각을 하면서 왠지 공허한 기분도 느낀다.

한편 자신과 친한 사람이 도박에 가까운 방법으로 돈을 벌려고 하면 말리고 싶어진다. 실패의 리스크가 걱정되기 때문일 테지만, 꼭 그런 이유만은 아닌 것 같다. 한순간의 판단으로 막대한 돈을 벌기도 하고 잃기도 하는 '찰나'의 순간에 본능적으로 거부감을 느끼기 때문이 아닐까?

정보 기술의 혁신과 함께 인터넷이 사람들의 생활 속 구석구석까지 파고든 이래, 세계는 찰나의 머니 게임Money Game(투자를 단순한 돈벌이 행위가 아닌 일종의 게임이라고 보는 시각—역자)에 급속도로 침식당하기 시작했다. 이는 꼭 주식 거래에만 한정된 이야기가 아니다. 주주는 주식회사의 주인이고 대기업은 주로 주식회사이므로, 대기업은 머니 게임에서 자유로울 수 없다.

머니 게임이 힘을 발휘하는 경제에서는 사람들의 생각마저 머니 게임에 지배당하고 만다. 이익을 얻을 때 가장 중요한 것은 '법률 위반 여부'다. 경쟁 상대의 방심과 실수를 파고들어 큰돈을 벌었어도, 그 행위가 법률에 위반되지 않으면 공적으로 문제 삼지 않는다. '별로 좋지 않은 방법인 것 같은데…' 생각하더라도 커다란 이득을 기대할 수 있는 데다 법률상 문제도 없는데 그 기회를 놓치는 것은 비즈니스적 관점에서 현명한 판단이 아니라고 보는 것이다.

이처럼 도덕보다는 법률이나 규칙을 우선시하는 이른바 규칙지상주의가 오늘날의 사회를 지배하고 있다. 규칙지상주의는 행위의 판단 기준을 인간의 내면에서 지워버린다. 무엇이 옳고 무엇이 그른지에 관한 판단을 명문화된 규칙에 그대로 맡겨버리는 것이다. 옳고 그름과 좋고 나쁨의 판단을 외부에 위탁해버리는 것과 같다.

이러한 규칙지상주의는 머니 게임에서만 나타나는 문제가

아니다. 규칙에 따라 끝없는 가격경쟁을 벌이는 것이 시장경쟁의 본질임을 떠올린다면, 머니 게임도 극단적으로 생각하면 시장경쟁의 한 국면에 불과하다고 해석할 수 있다. 머니 게임에서 볼 수 있는 문제의 상당 부분은 곧 시장경쟁의 문제기도 하다. 그리고 앞서 살펴본 규칙지상주의는 곧 시장경쟁에 수반하는 문제라고 할 수 있다.

시장경쟁 체제는 단기적 · 국소적으로 보면 냉혹하게 승자와 패자가 갈리는 체계다. 사회, 국가, 세계 전체를 종합적으로 살펴보는 경우에는 더욱 풍요로운 미래를 약속하는 시스템으로 여겨진다. 그렇다면 시장경쟁에 수반하는 규칙지상주의도 결코 무작정 부정할 수만은 없을 것이다. 다만 규칙에 예속되어 가치 판단마저 외부에 맡겨버린 사람들이 살아가는 사회는 그다지 아름답지 않다. 애초에 규칙지상주의에 좌지우지되는 존재를 진정한 인간이라고 할 수 있을까?

그래서 이 시점에서 다시 한 번 생각해보고자 한다. 과연 시장 원리는 규칙지상주의를 필연적으로 초래하는 것일까? 인간은 시장이라는 시스템을 유지하기 위해 내면에 있는 도덕마저 내다버리고 규칙에 맹종해야 할까? 만약 규칙지상주의를 인정하지 않고서는 시장이라는 시스템을 유지할 수 없다면, 자본주의와 인간이 공존하는 것 또한 곤란하다고 해야 할 것이다.

시장에 참가할 수 있는 자격이 있다

• •

시장 시스템을 설명할 때 반드시 등장하는 이름이 있다. '경제학의 아버지'로 불리는 스코틀랜드의 위인 애덤 스미스Adam Smith다. 경제학 입문 강의를 한 번이라도 들어본 사람이라면 누구나 알고 있는 인물일 것이다. 일반적으로 시장 원리라는 것은 각종 재화의 과부족과 편중을 스스로 조정하고 최적화하는 시스템을 의미한다. 자본주의 경제는 이 시장 원리를 중심축으로 삼아 유지되고 지속 가능해지며 성장을 이룰 수 있다고 여겨진다.

시장 시스템의 가장 우수한 점은 참가자가 어디까지나 '자기 이익'을 추구하는데도 불구하고 그런 행위가 축적되면 최종적으로 '사회 전체의 이익'을 증대시킨다는 것이다. 기업이나 개인이 공공의 이익을 지향하지 않더라도 시장 시스템이 사람의 지혜를 넘어선 힘으로 공공의 이익을 적절히 실현해준다는 것이다. 스미스는 이러한 작용을 '보이지 않는 손'이라고 불렀다.

> 각자가 사회 전체의 이익을 위해 노력하려고 하지도 않고, 자신의 노력이 얼마나 사회에 도움이 되는지도 알지 못한다. 외국의 노동보다 자국의 노동을 선호하는 이유는 안전하게 이익을 올리기 위해서일 뿐이다. 생산물의 가치를 높이기 위해 노동을 활용하는 것은 자신의 이익을 늘리기 위한 의도일 뿐이다. 하지만 그런 행위들은, 다른 많은 경우와 마찬가지로, '보이지 않는 손'에 이끌려 자신이 전혀 의도한 바 없는 목적을 달성하게 되는 작용을 촉진한다.
>
> -《국부론The Wealth of Nations》

노골적으로 이기심을 드러내는 사람들이 활발히 움직인 결과 사회 전체가 부유해진다는 것은 왠지 이상하게 느껴진다. 시장이라는 시스템의 신비한 작용이 감탄스러울 정도다.

스미스는 1776년에 출판한 《국부론》에서 시장에 관한 주장을 펼쳤다. 18세기 후반은 마침 영국에서 산업혁명이 일어나던 시기였고, 산업 체계가 수공업에서 기계제 대공업으로 이행하던 무렵에 해당한다. 시장의 신비한 작용을 명쾌하게 밝힌 스미스의 설명은 그야말로 시대의 요청에 부응한 것이라고 할 수

애덤 스미스

있다. 시장 원리와 그것을 전제로 한 분업의 의미를 설명한《국부론》은 오랫동안 경제학의 바이블로 대접받았다. 이에 관해 나는 전혀 이의를 제기할 생각이 없다. 다만 일본의 경제학 교육에서 《국부론》을 취급하는 방식에 대해서는 문제가 있다고 생각한다. 일본의 경제학 교육에서는《국부론》이 스미스의 또 다른 대작《도덕감정론The Theory of Moral Sentiments》의 논의를 전제로 삼았다는 사실을 충분히 다루지 않는다. 만약《국부론》만 읽고 경제에 관해 고찰한다면 아무래도 시장에 대해 편중된 시각을 내재화해버릴 위험성이 크다.

시장 시스템에 관해 설명하는 위의《국부론》인용문을 다시 한 번 살펴보자.《국부론》에서는 시장의 참가자들이 '자기의 이익'만을 좇는데도 불구하고 '보이지 않는 손'에 이끌려 그들의 축적된 행위들을 통해 '사회 전체의 이익'을 증대시킨다고 설명한다. 이런 설명을 별 비판 없이 그대로 받아들인다면, 인간은 최소한의 규칙만 지키는 한 얼마든지 '자기 이익'만 추구해도 상관없다고 인식하게 된다. 다른 시장 참가자의 실수를 악용하더라도 법을 위반하지 않는 한 문제없다는 인식이 정당하다면, 극단적인 예로 천재지변으로 식량이 부족해진 지역에 가서 평상시보다 비싼 가격으로 식품을 판매하는 자를 비난할 근거가 없다. 그 행위가 결코 법에 저촉되지 않기 때문이다.

그런데 스미스 본인은 사욕에 사로잡혀 위와 같은 뻔뻔한 행위를 하는 사람을 시장 참가자로 인정했을까? 답은 단호하게 '아니요'였다. 그는 《도덕감정론》에서 인간이 사회인으로서 갖추어야 할 소양을 매우 상세히 적어놓았다. 다시 말해, 《도덕감정론》은 훗날 《국부론》에서 설명하는 시장 시스템의 '참가 자격'을 제시하는 책이었다.

시장 참가 자격,
도덕성에 관하여

• •

《도덕감정론》에서 애덤 스미스가 시장 시스템의 '참가 자격'으로 언급한 도덕은 기본적으로 인간의 본성을 고찰함으로써 발견한 것이다. 즉 인위적인 훈련으로 얻는 것이 아니라, 누구나 선천적으로 타고난 성질 혹은 인간으로서 당연히 갖추고 있는 특성이다.

스미스는 인간의 본성을 깊이 연구하는 과정에서 아무리 부정하고 싶어도 절대 부정할 수 없는 인간의 성향을 하나 들었다. 그것은 인간이 공감하는 동물이라는 사실이다. 《도덕감정론》은 이에 관한 이야기를 다음과 같은 말로 시작한다.

> 인간이라는 존재를 아무리 이기적이라고 간주하더라도 타고난 성질 중에는 타인을 신경 쓰지 않고는 못 배기는 기능

이 있다. 인간은 타인의 행복을 바라보는 즐거움 외에 아무런 이득이 없는데도 타인의 행복을 자신에게 없어서는 안 되는 것으로 느낀다. 타인의 불행을 바라보거나 불행한 상황을 생생히 들어서 알았을 때 느끼는 연민과 동정도 그와 같은 종류의 것이다.

- 《도덕감정론》

당연한 말인 듯하지만, 실로 예리한 인간 관찰이라고 할 수 있다. 스미스의 고찰에 따르면, 인간의 성질을 한 꺼풀씩 벗겨냈을 때 마지막에 남는 것은 공감이라는 기능이다. 공감하는 동물인 인간은 타인이 행복해하는 모습을 바라보며 자신도 기쁨을 느낀다. 반대로 괴로워하는 타인을 발견하면 자신의 마음도 편치 않다.

이것이 반드시 모든 사람에게 공통된 성질이 아니라는 반론이 나올지도 모른다. 그러나 그런 사람은 성장 과정에서 심리적 외상을 입어 공감 기능이 둔해졌다고 생각해야 하지 않을까? 스미스가 말하는 공감은 사람이 태어나면서부터 가지고 있는 성향이지만, 현실적으로 모든 성인이 그 성향을 유지하고 있다고는 할 수 없다.

아무튼 인간 본연의 공감이라는 기능을 토대로 생각했을 때, 어떤 내용의 도덕이 널리 인정받아야 마땅할까? 세계에는 여러 국가가 있고 그만큼 다양한 문화가 존재한다. 각 문화에 따라 올바르다고 여겨지는 도덕도 제각각이다. 또 도덕은 시대에 따라서도 변한다. 이런 상황에서 "도덕은 모름지기 이래야 한다"라고 누가 단정할 수 있을까? 그 어려운 일을 스미스는 과감히 해냈다. 공감이라는 기능이 인간의 본성에 뿌리 내린 것이라면, 올바른 도덕이란 그 공감을 얻는 것이라고 할 수 있다.

> 인간의 마음은 친구의 시선을 받는다고 해서 어느 정도 평정심과 침착성을 잃어버릴 만큼 혼란을 느끼는 일이 거의 없다. 친구의 시선에 노출되는 순간, 우리의 마음은 안정되고 평온하다. 친구가 자신의 상황을 어떻게 바라보고 있을지 궁금해져서 친구와 똑같은 시선으로 자신의 상황을 바라보게 되기 때문이다.
>
> -《도덕감정론》

도덕적으로 적절한 감정이나 행동은 도대체 어떤 것일까? 타인의 시선으로 공감받을 수 있는 감정이나 행동이 도덕적으로 적절하다고 할 수 있을 것이다. 너무 이상하지 않은 감정과 행동은 일단 공감받을 자격을 지닌다.

구체적으로 생각해보면 이는 오히려 어려운 이야기가 아니다. 예를 들어, 어린아이가 길에서 넘어졌다고 하자. 이때 무릎

이 살짝 쓸리면 아이는 울음을 터뜨릴 것이다. 어린아이가 넘어져서 우는 행위는 충분히 공감받을 만하다. 그러나 몇 분이 아닌 몇 시간 동안 계속해서 운다면 어떨까? 매우 가벼운 찰과상으로 몇 시간 동안이나 지겹게 우는 행위는 공감받기 어렵다. 몇 시간이 지나도 울음을 그치지 않는 어린아이가 있다면, 어린아이의 부모는 "너무 호들갑 떠는 거 아냐? 적당히 울어야지"라고 혼을 낼 것이다. 어린아이는 이렇게 직접 경험하고 타인의 경험과 주변의 반응을 끊임없이 관찰함으로써, 넘어져서 가벼운 찰과상을 입었을 때 어떤 감정이나 행동이 적절한지, 즉 공감받을 수 있는지 깨닫고 학습한다.

제멋대로 하는 행동을 조심해야 하는 이유

• •

> 관찰자가 끊임없이 자신을 당사자의 입장에 두고 당사자와 유사한 감정을 품듯이, 당사자도 끊임없이 자신을 관찰자의 입장에 두고 자신의 상황을 이해하면서 자신이 어떻게 보일지 살핀다. 자신이 당사자라면 어떻게 느낄지 관찰자가 끊임없이 상상하듯이, 당사자도 자신이 관찰자 중 한 명에 불과하다면 어떻게 보일지 상상하게 된다.
>
> -《도덕감정론》

이렇게 사람은 공감받을 만한 감정과 행동을 조금씩 배워나간다. 그것은 자신의 내면에서 '중립적인 관찰자'를 육성하는 것이기도 하다. 중립적인 관찰자는 자신과 특별한 이해관계가 없는 제3자를 말한다. 예를 들어, 길에서 넘어진 어린아이의 어머니는 '중립적인 관찰자'가 아니다. 어머니는 자신의 아이를 남들보다 소중히 생각할 것이다. 그러므로 그녀의 판단은 어린 아이에게 온정적일 것이라고 예상할 수 있다.

경험을 쌓고 성장하는 과정에서 '중립적인 관찰자'를 자신의 내면에 가지게 되면, 실제로 주변에 관찰자가 존재하지 않더라도 감정과 행동을 도덕적으로 적절히 조절할 수 있다. 애덤 스미스가 생각하는 사회인의 자격은 그저 성인의 연령에 이르렀거나 직업을 가지고 있다는 것만으로는 충분하지 않다. 사회인이란 무릇 '중립적인 관찰자'를 자신의 정신에 올바르게 유지할 수 있는 사람만을 뜻한다.

또 인간이 도덕적으로 완성되려면 또 하나 추가해야 할 성질이 있다. 바로 '자기애의 억제'다.

> 타인에 대해서는 마음을 깊이 움직이지만 자신에 대해서는 마음을 거의 움직이지 않는 것, 이기심을 억제하고 박애를 발휘하는 것이야말로 인간 본성의 완성이다. 이것만이 사람들 사이에 감정과 정념의 조화를 가져다주고, 예절에 맞는 적절한 태도를 성립시킨다.
>
> -《도덕감정론》

애덤 스미스는 성경 구절을 비틀어 "이웃을 사랑하는 이상으로 자신을 사랑해서는 안 된다"고 말했다. 시장에 참가할 수 있는 자격으로 필요한 것은 일단 내면에 '중립적인 관찰자'를 가지는 것이다. 이는 인간의 본성인 공감을 토대로 하며, 올바른 환경에서 성장한다면 누구나 갖출 수 있는 성질이다.

사실 자기애의 억제도 분명히 인간의 본성에 속한다. 인간은 사회적인 존재이기 때문이다. 인간은 단독으로 생활하기가 거의 불가능한 동물이다. 우리의 생명을 이어가는 데 필요한 의식주는 타인의 노동으로 주어지는 것이다. 문명사회에서 자신의 옷을 처음부터 직접 만들고 식재료를 스스로 조달하고 집을 자력으로 지은 사람은 단 한 명도 없다. 인간이 일상생활을 영위하며 발전해가기 위해서는 공동체가 반드시 필요하다.

공동체를 유지하기 위해 가장 중요한 것은 무엇일까? 바로 자기본위적인 행동을 하지 않는 것이다. 이는 단체경기의 팀워크와 같다. 사람들이 여럿 모여 공동체를 만들고 그 안에서 무언가를 해내려고 할 때 가장 필요한 것은 팀워크다. 팀워크는 조화를 통해 이루어지며, 조화는 자기본위적인 행위를 삼감으로써 실현된다. 자기본위적인 태도는 대부분 이기적인 행위로 이어진다. 이기적인 행위를 멈추는 데 효과적인 방법은 바로 자기애를 억제하는 것이다. 자기애의 억제는 공동체를 이루고 살아가는 인간의 본질과 맞닿아 있다.

스미스는 시장 시스템을 가장 먼저 발견한 사람으로 알려져 있다. 그것은 아마 올바른 인식일 것이다. 그러나 스미스가 시장 시스템의 우수함을 설명하는 한편 그 위험성도 지적했다는 사실을 후세 사람들이 확실히 알고 있는지 의문이다. 그렇다면 왜 스미스는 시장 참가자를 도덕적인 사람들로 한정하려고 했을까? 장기적인 관점에서 보면, 규칙지상주의자 혹은 자기애를 드러내며 행동하는 참가자는 시장이라는 시스템 자체를 붕괴시키기 때문이다. 이는 시장을 떠받치는 다양한 공동체를 파괴하는 것일 수도 있다.

공동체의 파괴는 단독으로 살아갈 수 없는 인간이라는 존재의 본성마저 허물어버리는 것이며, 인간이라는 종의 자멸을 의미한다고 해도 과언이 아니다. 애덤 스미스가 이렇게까지 깊고 상세하게 고찰해온 시장과 도덕의 관계는 시간이 흐르면서 조금씩 잊히고 말았다. 특히 경제학이 과학으로 다듬어져가는 과정에서 결정적인 문제가 발생했다. 언제부터인가 '자기 이익만을 추구하는 시장 참가자'라는 표현은 문자 그대로 '자기의 이익을 위해서라면 매우 뻔뻔한 행동마저 서슴지 않는 사람들'을 의미하기 시작한 것이다.

이렇게 해서 시장이라는 시스템을 칭송하는 사람과 비판하는 사람 모두 애덤 스미스의 《도덕감정론》 논의를 감안하지 않고 각자의 주장만 내세우게 되었다. 이래서는 결말이 나지 않는 논쟁만 끝없이 이어질 뿐이다. 왜냐하면 규칙을 위반하지 않는 한 마음대로 이익을 추구해도 좋다는 함의가 인정될 때, 경제가 안정된 전례가 없기 때문이다.

상인에게 왜 도덕성이 필요한가?

• •

일본의 근세는 시장과 경제에 관한 위와 같은 오해가 퍼지기 전에 경제 성장을 이루었다는 점에서 다행스러운 시대였다. 다시 말해, 규칙지상주의 혹은 문자 그대로 '자기 이익만을 추구한다'는 개념이 한 번도 정당화된 적 없이 근대화를 맞이할 토양을 갖추었다는 의미다. 정확히 말하면, 그런 개념이 인정되지 않았기 때문에 근대화를 이끈 경제적 조건을 갖출 수 있었다고 해야 한다.

일본에서 민중에게 힘이 생기기 시작해 화폐경제가 발달하고 소비가 활발해진 시기는 겐로쿠 시대(1688~1704년)다. 마침 이 시기에 경제의 실상을 상업 현장에서 구체적으로 관찰하고 나중에 사상가로 변모한 바이간은 경제와 도덕의 관계에 관한 의견을 대단히 명확하게 제시했다.

바이간이 1739년에 출판한 《도비문답》의 한 구절이다.

> 상인의 도道를 모르는 자는 그저 욕심만 부리다가 집안을 망친다. 상인의 도를 알면 욕심에서 벗어나 인심仁心으로 노력하므로 도에 맞게 번성할 수 있다. 이것이 학문의 덕이다.
>
> -《도비문답》

매우 짧은 구절이지만, 여기에는 상당히 많은 내용이 함축되어 있다. 상인의 도道, 즉 상인의 바람직한 삶을 모르는 자는 '그저 욕심만 부린다'는 말이 무슨 뜻일까? 이는 끊이지 않는 욕망으로 오로지 자기의 이익만 추구하려고 애쓴다는 의미다. '집안을 망친다'는 말은 말 그대로 '집안'을 뜻할 수도 있지만, 상인에 관한 이야기이므로 '가게를 망하게 한다'고 해석해도 상관없다. 상업에 관한 올바른 지식을 갖추지 못한 자는 자기 이익을 한없이 추구하다가 결과적으로 가게를 망하게 한다는 의미가 된다. 이는 상인에 관한 구절이지만 바이간이 살았던 시대에 상인은 경제와 가장 관련 깊은 사람들이었으므로, 바이간의 상인론은 곧 경제론이기도 했다.

이어서 '욕심에서 벗어난다'는 말은 '욕망으로부터 거리를 둔다'는 의미다. 상인이 욕망과 거리를 둔다는 것이 의아할 수도 있다. 그리고 이어지는 '인심仁心'은 '남을 배려하는 어진 마음'을 뜻하며, 바이간은 이를 상인이 마음속에 항상 간직해야 하는 가치로 꼽았다.

마지막에 언급하는 '학문'은 말 그대로 '공부'를 뜻하는데, 바이간의 시대에는 학문이라고 하면 가장 먼저 유학儒學을 떠올렸다. 그러나 여기서 가리키는 학문은 다양한 종교와 철학의 내용을 접하는 것을 뜻한다고 이해해야 한다. 이에 대해서는 뒤에서 상세히 고찰해보겠다.

충분히 공부하고 욕심을 버리고 남을 배려해야 올바른 상인이 된다는 가르침은 실로 엄격한 것이었다. 그리고 바이간은 상인뿐 아니라 다른 직업을 가진 사람들에게도 이러한 태도를 장려했다. 앞서 인용한 바이간의 가르침은 경제에 한정되지 않고 인생 전반에 통용되는 것이었다.

그러나 당시 바이간의 사고방식은 상당히 기묘한 것으로 받아들여진 듯하다. 《도비문답》에는 바이간의 의견에 대해 어느 학자가 다음과 같은 말을 던지는 장면이 등장한다.

> 상인은 탐욕스러운 게 보통이고, 항상 탐욕스러운 일을 하고 있다. 그런 자들에게 욕심을 버리라고 가르치는 것은 고양이에게 생선 가게를 맡기는 것과 같다. 상인들에게 학문을 권하는 것은 앞뒤가 안 맞는 이야기다. 그게 불가능한 일이라는 것을 알면서도 기어코 가르치겠다니, 당신은 악한

사람이 아닌가?

-《도비문답》

이 부분은 당시 상인이 어떤 환경에 놓여 있었는지 여실히 보여준다. 동시대의 많은 사람들이 상인은 욕망 덩어리라고 생각했다. 그리고 그들의 일은 비천하다고까지 치부되었다. 그 이유에 관해서는 다음 장에서 자세히 생각해보겠다.

어느 학자는 "상인에게 욕심을 버리라고 가르치는 것은 고양이에게 생선 가게를 맡기는 것과 같다"고 냉소적으로 비판했다. 그와 동시에 욕심을 버리게 하거나 '자기 이익'을 추구하는 것 같은 기분을 억누르기 위해 학문을 권하는 일이 올바른 인간의 행위가 아니라고까지 말했다. 그러나 바이간은 이러한 의견에 반대했다. 그는 상업에 종사하는 사람이 올바른 학문을 닦음으로써 자신의 일과 진심으로 마주할 수 있을 뿐 아니라 노동의 질까지 향상시킬 수 있다고 믿었다. 진정으로 학문을 닦는 일은 지식의 양을 늘리는 것이 아니다. 인생과 사회에 대한 정당한 관점을 일상적인 실천으로 옮기는 지혜를 얻는 것이 목표가 되어야 한다. 그것이 바로 도덕철학이다.

그렇다면 바이간은 상인, 즉 경제에 깊이 관여하는 사람이 갖추어야 할 도덕이 어떤 것이고, 무엇을 근거로 삼아야 한다고 생각했을까?

인간 본성과 경제활동

• •

애덤 스미스는 도덕론을 펼치기 위해 인간의 본성을 고찰했는데, 바이간도 동일한 절차를 밟았다. 둘은 인간의 본성에서 '무엇이 적절한 감정 · 행동인지'에 관한 근거를 찾았다.

> 학문에서 가장 중요한 것은 마음을 다해 성性을 알면 천天도 알 수 있다는 점이다. 천을 알면 그것이 곧 공자와 맹자의 마음임을 깨닫게 된다. 공자와 맹자의 마음을 알면 송학宋學 유학자들의 마음과도 합치한다고 인식할 수 있다. 마음이 같기 때문에 주석서까지도 자연과 합치한다. 마음을 알면 천의 이치는 그 안에 갖추어져 있다. 그 천의 명에 따라 행동하는 것 외에 달리 중요한 일은 없다.
>
> -《도비문답》

바이간이 사용한 용어는 '본성'이 아니라 '성性'이지만, 거의 같은 의미다. 인간의 본성이 어떤 것인지 고찰하는 과정에서 도덕론도 펼쳐지는 셈이다.

현대인은 에도 시대의 사상을 비합리적이라고 판단하기 십상이다. 그러나 바이간의 사상은 비교적 조리가 있어서 오늘날을 살아가는 우리가 충분히 납득할 수 있는 논리로 구성되어 있다. 그는 '현실적인 마음을 성으로 돌리는 것'이 학문의 역할이라고 파악했다. 성은 곧 본성이며, 갓난아이의 마음이기도 하다. 사람의 마음이 성에 이르렀을 때 감정이나 행위는 진정한 의미에서 적절한 것이 된다. 이런 생각이 바이간 도덕론의 중심에 있었다.

그런데 인용문에서 '성을 알면 천도 알 수 있다'는 부분은 도대체 무슨 의미일까? '천'은 '모든 것을 지배하는 것'으로, '세상 전체'로 바꾸어 이해해도 괜찮다. 사람의 마음이 본래 상태인 성에 이르면 그것은 천을 아는 것으로 이어진다. 이 주장의 기반은 성의 원리와 천의 원리가 동일하다는 인식이다. 원리는 단순히 '이理'라고도 하는데, 유학 중에서도 특히 주자학에서 중시하는 개념이었다. 바이간은 주자학을 철저히 연구한 끝에 '심心=성性'과 '세계 전체=천天'이라는 이理가 동일하다는 주장에 이르렀던 것이다.

약간 추상적인 논의로 흘렀으므로, 일단 실천적인 면을 이야기해보자. 바이간의 가르침이 지향하는 바는 성의 획득이고, 그것이 천의 이와 통한다. 이 안에 숨겨진 뜻은 '개별의 초월'과 '이기주의의 포기'다. 마음이 '자기 이익' 앞에서 망설이는 단계는 도덕적으로 치졸하다고 여겨지기 때문이다. 경제 활동을 하는 인간의 마음은 천과 통하는 단계에 이르는 것이 목표이며, 만약 이 목표가 달성된다면 그 자의 활동은 '자기 이익'이 아니라 '세계 전체의 이익'을 지향하는 것이 된다. 이것이 바이간의 생각이었다.

바이간은 "성에 이르러 천의 이를 체득하면 천은 곧 공자와 맹자의 마음임을 깨닫게 된다"고 말했다. 공자와 맹자라는 역사적으로 위대한 사람의 마음과 자신의 마음이 동일해진다고 주장했다. 공자와 맹자 같은 위인은 바이간이 말하는 성을 아는 단계에 틀림없이 이르렀을 것이다. 천의 이와 그들의 성의 이는 일치할 테니 우리의 마음도 성을 아는 단계에 이르면 공자나 맹자와 같은 이를 체득할 수 있다는 뜻이다.

바이간은 그런 전설적인 위인과 같은 마음을 얻는 것을 학문의 목표로 삼았다. 위인과 같은 마음이라는 말에는 '그들과 비슷한 수준의 지식을 갖춘다'는 의미는 포함되지 않는다. 그들과 마찬가지로 세계 전체의 이를 얻고 그에 따름으로써 자기애를 초월하는 일이 요구될 뿐이다.

학문의 도道도 역시 이런 식이다. 이理를 깊이 파고들고 천天의 도와 성인聖人의 마음을 세계에 통용시키는 것을 중시해야 한다. 《역경易經》에는 '성인은 이理를 깊이 파고들고 성性을 다해 천명天命에 이르렀다'가 쓰여 있다. 이것이 예나 지금이나 통용되는 보물이다. 이理를 아는 것이 학문의 근본임을 깨닫기 바란다.

-《도비문답》

사람은 성을 아는 것을 목표로 삼고 학문에 몰두해야 하며, 성은 천과 동일한 원리를 품고 있다고 알아두어야 한다. 유학 용어로 이야기하니 약간 이해하기 힘들지도 모르지만, 내용 자체는 결코 난해하지 않다. 바이간의 생각은, 적어도 경제활동에 한해서는 애덤 스미스의 생각과 의미, 효과 면에서 닮았다. 두 인물의 사상은 공통적으로 인간 본성을 근거로 삼아 자기애를 억제하고, 방약무인하게 자기의 이익을 추구하는 행위를 부정한다.

공공을 위하는 행위의 결과

• •

물론 바이간과 애덤 스미스의 사상 중 서로 다른 부분도 있다. '경제활동에서 무엇을 의식할지 혹은 무엇을 의식하지 않아도 되는지'에 관한 부분이 그렇다.

애덤 스미스는 시장의 놀라운 기능으로서 '보이지 않는 손'을 꼽았다. 이는 사익을 추구하는 도덕적인 사람의 행위가 쌓여 국부의 증대로 이어진다는 설명이다. 이 설명에서 알 수 있는 것은 설령 개개인이 자신의 이익에 그치지 않고 전체의 이익, 국부의 증대를 원하더라도 개개인이 경제적 행위를 할 때 특별히 그것을 의식할 필요는 없다는 점이다. 즉 스미스의 도덕론에서는 공공의 이익을 증대시킬 것을 항시 의식하지 않아도 무방하다는 뜻이다.

이에 비해 바이간의 도덕론은 꽤 엄격하다. 그는 모든 행위가 공공의 이익을 추구하도록 요구하기 때문이다.

> 욕심을 없애고 한 푼이라도 아껴야 한다. 아오토 사에몬青砥左衛門은 10푼짜리 동전을 잃어버리자 세상을 위한다는 생각으로 50푼을 들여 그 동전을 찾아냈다고 하는데, 그 마음을 충분히 이해할 수 있다. 이런 행위는 세상을 위한 검약이며, 천명天命과 합치해 복을 얻는 일이다. 복을 얻고 만민을 안심시킬 수 있다면 천하의 백성이라고 불릴 만하며, 평상시부터 세상의 태평을 기원하는 것과 동일한 의미를 지닌다.
>
> -《도비문답》

아오토 사에몬은 가마쿠라 시대(1185~1333년) 중기의 무사 아오토 후지쓰나青砥藤綱를 말한다. 그는 사에몬노조左衛門尉라는 관직에 있었기 때문에 아오토 사에몬이라고도 불렸다. 그에 관해서는《태평기太平記》등에 다양한 일화가 등장하는데, 바이간이 언급한 일화는 다음과 같다.

어느 날, 아오토 사에몬이 부하들을 대동하고 가마쿠라鎌倉에 위치한 나메리카와滑川 개울을 따라 걷다가 실수로 10푼짜리 동전을 개울에 떨어뜨리고 말았다. 그는 급히 부하들을 시켜 개울 속을 수색했지만 좀처럼 발견할 수 없었다. 우왕좌왕하는 사이에 해가 지고 주변이 어두워졌다. 천하의 아오토라 할지라도 이대로 포기하는가 싶었는데, 그는 갑자기 부하에게 50푼을 건네더니 마을에 가서 횃불을 사 오라고 지시했다. 횃불을 켜서 수색을 계속할 요량이었다.

얼마 지나지 않아 부하가 사 온 밝은 횃불 덕분에 10푼짜리 동전을 금방 발견할 수 있었다. 동전을 찾아냈다는 것은 분명히 좋은 결과일지도 모르지만, 10푼을 찾기 위해 50푼을 썼다는 것은 어떻게 해석해야 좋을까? 40푼을 손해 본 셈이므로 아오토의 행위는 어리석었다고 판단해야 할까?

수색이 끝난 후 아오토는 부하에게 다음과 같이 말했다.

"만약 내가 개울 바닥에 잠긴 10푼짜리 동전을 포기했다면 10푼이 세상에서 영원히 사라져버렸을 것이다. 혹시 그랬다면 나는 세상에 미안함을 느껴야 한다. 그런데 내가 소비한 50푼은 마을 사람들의 몫이 되었을 뿐 사라진 게 아니다. 그러니 나의 행위는 잘못된 것이 아니다."

바이간은 아오토의 행위를 높이 평가했다. 그 이유는 그가 자기 이익에 구애받지 않고 세상 전체를 위해 행동했기 때문이다. 바이간은 성性에 의해 이루어지는 올바른 행위는 늘 세상과 공공을 위하는 것임을 의식해야 한다고 주장했다.

인용문에 등장한 '세상을 위한 검약'은 말 그대로 절약을 뜻할 수도 있지만, 그런 해석만으로는 부족하다. 뒤에서도 다루겠지만, 바이간이 이야기한 검약은 일반적인 의미보다 한층 깊은 철학적 의미를 지니고 있다.

아오토의 행위는 경제활동이나 상행위와는 약간 다르다. 그런데 바이간은 경제활동에 관해서도 세상을 위한 행위를 늘 의식해야 한다고 주장했다. 이는 애덤 스미스처럼 보이지 않는 손을 신뢰하는 자세와 크게 다르다. 자신의 정신으로 '자기 이익'을 억누르고, 늘 세상에 도움이 되는 복리를 기원하며, 그 실현으로 이어지는 행위에 힘쓴다. 이것이 바로 바이간이 생각한 도덕이었다.

또 '천명과 합치해 복을 얻는다'는 구절에 함축되어 있는 뜻은 매우 중요하다. 이는 '하늘이 명령하는 바를 따름으로써 행복을 얻는다'는 의미다. 천天에는 이理가 있다는 사실은 세상의 대원칙이라고도 할 만하다. 이와 마찬가지로 인간의 본성에도 이理가 있는데, 어떤 노력의 결과로 자신의 마음을 본성으로 되돌릴 수 있다면 자신의 마음과 천은 같은 이를 갖추게 된다.

바이간의 말에 따르면, 천의 이에 맞는 감정이나 행위는 '더 자연스러운 것'으로 생각할 수 있다. 그런 감정이나 행위가 인간 본연의 것이기 때문이다. 인간 본연의 감정이나 행위에 집중하는 것은 바이간에게 행복 그 자체였다. 그렇기 때문에 그는 더더욱 천명에 따라야 행복을 얻게 된다고 이야기했다.

이시다 바이간과 애덤 스미스의 도덕론은 매우 닮아 있다. 특히 도덕을 논할 때 인간 본성에 관한 통찰부터 시작한다는 점은 완전히 같다. 다시 말해, '인간이란 애초에 어떤 존재인가?'라는 시대를 초월한 질문을 논의의 출발점으로 삼았다. 또 두 사람 모두 자기 이익을 추구할 때, 정도의 차이는 있지만 '억제'를 요구했다. 그 까닭에 규칙지상주의나 그와 유사한 사고방식은 두 사람 모두 강하게 부정한다.

두 사람의 도덕론에서 핵심은 공동체에 대한 사고방식일 것이다. 이시다 바이간과 애덤 스미스는 '개인 대 공동체'라는 알기 쉬운 구도를 인정하지 않는다. 개인은 공동체 없이 생존할 수 없기 때문이다. '공동체보다 앞서는 개인'이라는 것은 어디까지나 추상론에 지나지 않고, 현실의 인간을 이야기하는 데는 효과가 없다.

제3장

상업은 정직에서 시작된다

이익을 추구하면 천한 것인가?

에도 시대의 신분제도는 '사농공상士農工商' 네 글자로 표현된다. 이 표현에 따르면 상업에 종사하는 사람들, 즉 상인은 신분제도의 가장 밑에 놓여 있었다. 왜 상인이 가장 천한 신분이어야 했을까?

네 계급이 사士라는 지배 계급과 농공상農工商이라는 피지배 계급으로 나뉘었을 뿐, 농공상 안에서는 우열이 없었다는 것이 최근 연구자들의 공통된 견해다. 농공상 사이에 '정치적 차별'을 확인할 수 없다는 것은 분명한 역사적 사실이다. 그렇다면 상인이 신분제도의 가장 밑에 놓여 있었다는 것에는 큰 의미가 없다고 할 수 있을까? 그렇게 단언할 수만은 없을 듯하다.

원래 고대 중국에서 사용되었던 '사농공상'을, 순서를 바꾸지 않고 그대로 일본에 수입한 배경에는 다음과 같은 인식이 있었다고 본다. 농공상 중에 농은 인간에게 가장 중요한 '식량의 생산', 그리고 공은 '생활에 필요한 물건의 생산'에 종사한다. 하지만 상은 아무것도 생산하지 않는다. 생산에 관여하지 않는다는 사실이 상업이라는 일의 중요도가 다른 세 가지 직업에 비해 낮다고 파악하는 근거였던 듯하다. 이는 당시의 사상가, 특히 유학자들의 책을 읽으면 명확히 알 수 있다.

야나기사와 요시야스柳沢吉保와 도쿠가와 요시무네徳川吉宗에게 중용된, 에도 시대 중기의 대표적인 유학자 오규 소라이荻生徂徠는 《정담政談》에서 다음과 같이 말했다.

> 상인이 기세등등한 듯하지만, 그들은 장인이나 농민과 달리 애초에 노력 없이 가만히 앉아서 이익을 올리려고 하는 자들이다. 또한 점점 교활한 돈벌이도 찾아내는 모양이라, 장사 자체를 하지 않고 그저 수수료만 챙기는 일을 하기도 한다. 이런 경향이 최근에 자꾸만 교묘해져서, 동업조합을 만들고 당파를 결성해 두목이 되면 아무 일도 하지 않고 돈을 번다. 결과적으로 경비도 점점 막대해지고 물건 가격이 내려가지 않게 되었다. 이러한 상인들의 교묘한 술수는 관료나 관리도 그 속사정을 알지 못하는 듯하다.
>
> -《정담》

소라이가 위에서 말한 내용을 간단히 정리하면, 상인은 장인이나 농민과 달리 게으름 피우면서 돈을 벌려고 하고 전혀 자신의 손을 놀리지 않은 채 수수료만 받거나 동업조합의 두목이 되어 거저 돈을 버는 통에 결국 물건 가격이 오른다는 것이다. 물가 상승은 상인이 물건 가격에 자기 이익을 보태려는 술수 때문이라고 소라이는 지적했다.

강렬한 비판처럼 보이지만, 이게 과연 정당한 비판일까? 편견에 사로잡힌 멸시라고 보는 편이 더 적절하지 않을까? 난해한 유학을 깊이 연구하던 소라이마저도 상업의 실상에 관해서는 겨우 이 정도의 인식밖에 지니지 못했다는 사실이 놀라울 따름이다. 그는 상인을 사기꾼과 동급으로 보았던 것이다.

상인을 '노력 없이 가만히 앉아서 이익을 올리려고 하는 자들'로 생각한 이유는 역시 '아무런 생산에도 관여하지 않는다'는 극히 표층적인 관찰로 형성된 인식 때문이다. 소라이처럼 뛰어난 학자도 상업의 사회적 역할과 경제의 본질을 헤아리지 못했다. 그 시대에 객관적으로 상업을 분석하는 것이 얼마나 어려웠을지 통감하게 만드는 이야기다.

2장에서 어느 학자가 바이간에게 "상인은 항상 탐욕스러운 일을 하고 있다" 발언한 《도비문답》의 한 구절을 소개한 바 있다. 그것은 소라이만큼 편견에 찬 발언은 아니지만, 그래도 상업의 의미를 인정하지 않고 상인의 존재를 부정한다는 점에서 같다. 소라이와 어느 학자의 왜곡된 상인 비판은 매우 중요한 두 가지 사실을 우리에게 가르쳐준다. 첫째, 정치적인 차별은 없었을지언정 상인은 전혀 존경받지 못했다. 둘째, 물건 매매로 자기 이익을 얻으면 비판의 대상이 되었다.

에도 시대 중기에 물건 매매로 자기의 이익을 추구하는 일이 왜 천한 행위로 여겨졌을까? 앞서 언급했듯이, 많은 사람들이 농공상 중에서 상인만이 '아무것도 생산하지 않는 존재'라고 믿었기 때문이다. 무사는 공동체의 유지와 안정에 힘쓰고, 서민은 물건을 생산한다. 그것이 인간의 올바른 삶이라고 믿었던 것이다. 눈에 보이는 물건을 생산하지 않는 상업은 그래서 비판의 대상이 되었다.

그런데 어째서 상인들은 이 세상에서 사라지지 않고 끊임없이 존재했을까? 이 질문에 대해 냉정히 판단하고 대답하려고 시도한 사람이 바로 이시다 바이간이다.

지금,
상인의 길을 묻다

• •

바이간의 주요 저서 《도비문답》은 문답 형식으로 구성되어 있다. 서양철학에서는 플라톤의 《대화편》이 이런 형식이다. 《도비문답》에 등장하는 사람들은 반드시 실제 인물이라고는 할 수 없지만, 내용을 살피면 바이간과 친한 제자 등 주변 사람들과 실제로 논의한 내용을 바탕으로 쓰였다는 것을 알 수 있다.

《도비문답》의 내용은 매우 다채롭다. 그중에서 가장 눈에 띄고 높이 평가받는 내용은 상업과 경제에 관한 사상을 드러내는 부분인 〈상인의 길을 묻는 단段〉이다. 이를 당시 상인이 처한 상황을 감안하며 읽어보면, 바이간이 편견에 대해 확신을 가지고 반박한다는 사실을 알 수 있다.

〈상인의 길을 묻는 단〉은 다음과 같은 질문으로 시작한다.

> 평소 물건 매매를 나의 본업으로 삼으면서도 무엇이 상인의 길에 부합하는지 전혀 알지 못한다. 어떤 가치를 소중히 여기면서 매매를 해야 할까?
>
> -《도비문답》

이 질문자는 결국 '상도商道란 어떤 것인가?'를 묻고 있다. 상인이 매일 어떤 마음가짐으로 살아야 적절한지 알고 싶어서 바이간을 찾아온 듯하다. '상인은 아무것도 생산하지 않고 탐욕스러울 뿐'이라는 편견이 사회 곳곳에 스며들어 있던 시대에, 그럼에도 상인으로서 살아간다는 것은 우리가 상상하는 것 이상으로 대단히 괴로운 일이었을 것이다. 오랫동안 상업의 세계에 몸담으면서 그 세계에서 충분히 실적을 올리다가 사상가로 전향한 바이간에게 이런 상담 요청이 쇄도했다. 바이간은 이렇게 답했다.

> 상인의 기원부터 살펴보면, 예전에는 남아도는 물건을 부족한 물건과 교환함으로써 서로의 물건을 유통하는 것이 목적이었다. 상인은 정확한 계산이 생명이므로 한 푼도 가벼이 여겨서는 안 된다. 이런 것을 중시하면서 재산을 쌓는 것이 상인의 길이다.
>
> -《도비문답》

바이간은 상도를 설명하면서 상업의 기원부터 이야기했다. 그의 고찰에 따르면, 상업은 남아도는 물건을 부족한 물건과 교환하는 것으로부터 시작했다. 즉 상업의 본질은 물건의 '교환'과 '유통'에 있는 것이다. 이것만으로도 상업이 사회적 의의가 큰 직업임을 알 수 있다.

이어서 바이간은 상인으로서의 마음가짐을 설명했다. '정확한 계산을 하는 것이 중요하며 한 푼이라도 경시해서는 안 된다'는 마음가짐을 하루도 잊지 않은 채 노력하면서 그 결과로 '재산을 쌓는 것'이 올바른 삶이라고 말했다. 오늘날을 살아가는 우리도 충분히 납득할 수 있는 설명이다. 반드시 기억해야 할 것은 바이간이 상업을 통해 최종적으로 '재산을 쌓는 행위'에 아무런 문제를 삼지 않았다는 점이다. 〈상인의 길을 묻는 단〉에서 제시하는 상업에 대한 바이간의 견해를 조금 더 살펴보자.

> 재산은 원래 세상 사람들의 것이다. 그들의 마음도 나의 마음과 다를 바 없으므로, 한 푼조차 아까워하는 심정 역시 똑같다. 상품에 마음을 담아 정성껏 판매하면, 구입하는 사람이 처음에는 '돈이 아깝다'고 생각할지 모르지만 이내 상품의 질이 좋다는 사실을 깨닫고 돈이 아깝다는 생각이 점차 사라진다. 돈이 아깝다는 생각을 없앤다는 것은 사람들

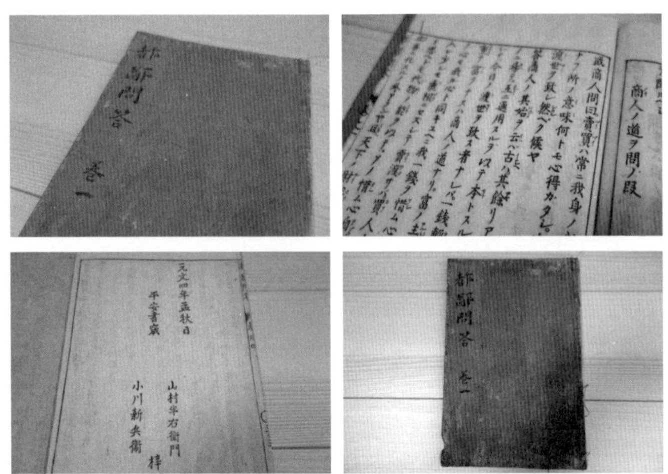

| 1739년에 간행된 《도비문답》(저자 소장본)

> 을 선도한다는 의미다. 세상의 재산을 유통하고 사람들을 안심시킬 수 있다면, '사계절이 달라지고 모든 생물이 자연스럽게 성장하는 것'과 마찬가지로 이치에 맞는다. 이렇게 해서 재산이 산처럼 불어난다 해도 그것을 욕심이라고 표현해서는 안 된다.
>
> -《도비문답》

'그들의 마음도 나의 마음과 다를 바 없으므로, 한 푼조차 아까워하는 심정 역시 똑같다' 부분은 바이간의 사상에서 매우 중요한 의미를 지닌다. 먼저 '상인의 재산은 원래 세상 사람들의 것'이라는 설명 후에 '그 사람들의 마음과 나의 마음이 똑같다'고 이야기한다. 앞서 언급했듯이 상인은 정확히 계산하고 한 푼도 낭비하지 않는 존재여야 한다. 바이간은 그런 마음가짐을 잊지 말고 상품에 정성을 담아 소중하게 팔라고 말했다.

마지막으로 '세상의 재산을 유통하고 사람들의 마음을 만족시키는 것이 상업이다. 그것은 마치 바뀌어가는 계절 아래에서 온갖 생물들이 살아가는 것처럼 자연스러운 일이다'를 덧붙였다. 그렇다. 바이간은 올바른 상업을 '자연의 섭리'로 파악했다. 이러한 올바른 상행위에 의해 재산이 산처럼 불어나는 것은 전혀 문제가 되지 않는다고 단언했다.

상업에도 공감이 필요하다

• •

앞서 등장한 '그들의 마음도 나의 마음과 다를 바 없으므로, 한 푼조차 아까워하는 심정 역시 똑같다'에 주목할 필요가 있다. 이시다 바이간이 상행위에서 '공감'을 중시한다는 사실을 명확히 드러내기 때문이다. 이는 상인은 세상 사람들에게 공감받을 만한 감정과 행위를 염두에 두면서 일해야 한다는 뜻이기도 하다. 바이간은 한 푼조차 아까워하는 태도가 모두에게 공감받을 만하다고 믿었는데, 그 믿음은 아오토 사에몬의 일화에서처럼 금전을 포함한 재물이 본질적으로 자신의 소유가 아니라 세상의 소유라는 인식에서 유래한 것이다.

바이간은 상인의 힘으로 실현하는 유통을 계절의 변천에 비유했는데, 여기에서도 그의 사상을 관통하는 사고방식을 엿볼 수 있다. 바이간은 자연의 섭리와 인간 사회의 원리가 일치해야 한다는 철학을 가졌던 것이다. 그리고 올바른 상행위에도 그 원리가 갖춰져 있다고 믿었다. 상행위가 자연의 섭리처럼 올바르고 바람직한 형태로 이루어진다면, 자기 손에 들어오는 이익이 아무리 막대하더라도 바이간은 '문제없다'고 판단했다. 그 이익은 자기의 이익만 좇는 감정 · 행위로 얻은 것이 아니기 때문이다.

바이간은 '올바른 재산'과 '올바르지 못한 재산'을 구분했는데, 그 판단은 재산을 쌓은 상인의 마음가짐이 어땠는지에 따라 좌우된다.

> 상인도 성인聖人의 길을 알지 못하면 금은을 벌었어도 불의의 금은을 번 것이기에 결국 자손도 번성하지 못한다. 진정으로 자손을 사랑한다면 상도를 배워 번성하기를 지향해야 한다.
>
> -《도비문답》

그는 공감받는 상행위를 통해 재산을 쌓기를 강조했다. '집안은 번성하고 자손은 끊이지 않을 것이다'를 현대의 언어로 재해석하면, '회사는 성장하고 언제까지고 번영할 것이다'로 받아들일 수 있다.

'공감'은 애덤 스미스의 도덕철학에서 핵심이 되는 개념인

데, 이는 바이간의 철학에서도 마찬가지다. 《도비문답》에 아들을 의사로 만들고 싶어 하는 사람이 바이간에게 "의사는 어떤 모습이어야 하는가?" 질문하는 부분이 있다. 바이간은 자신이 의업에 관해서는 자세히 모른다고 양해를 구하면서 조심스럽게 다음과 같이 대답했다.

> 가장 먼저 의학에 전념해야 한다. 의서의 내용을 확실히 이해하지 않은 채 타인의 목숨을 책임지는 것은 섬뜩한 일이다. 자신의 목숨이 아까운 것처럼 타인도 마찬가지라고 헤아려야 한다. 그러면 환자를 치료하는 동안에 한시도 마음을 놓을 수 없을 것이다. 자신에게 두통이나 복통이 생기면 잠시라도 참을 수 없듯이, 그 고통을 안다면 자신의 병처럼 생각해 타인의 병을 살피면서 마음을 다해 치료할 수 있다. 환자의 고통을 이해하면 단 하룻밤도 마음 놓고 잠들 수 없을 것이다.
>
> -《도비문답》

두통이나 복통은 누구에게나 대단히 고통스럽다. 그 고통스러운 기분은 고통의 당사자라면 설명하지 않아도 당연히 알 수 있다. 그러나 타인의 고통스러운 기분은 노력하지 않는 한 이해할 수 없다. 그래서 바이간은 의사에게 무엇보다 필요한 것이 '타인의 병을 자신의 병처럼 생각하는 능력', 즉 '공감할 수 있는 마음'이라고 역설했다.

자신이 경험한 고통을 통해 타인의 고통을 상상하고 공감하고 서로 나누는 것은 누구에게나 쉽지 않은 일이다. 하지만 공감하는 능력이 공감받는 능력으로까지 이어지기 때문에 결코 경시해서는 안 된다. 상인에게 필요한 것도 의사의 경우와 다르지 않다. 인간에게 공감하는 능력은 모든 감정과 행위의 기반이 되어야 한다. 또한 사회에서 살아가는 누구에게나 중요한 능력이 된다.

판매 이익의 근거는 예의다

• •

교환과 유통의 기능을 지니는 상업은 사회가 필요로 하는 일이므로, 누구에게나 공감받을 만한 올바른 상행위를 천하다고 여기는 데 합리적인 이유는 존재하지 않는다. 이시다 바이간은 에도 시대 중기, 편견의 눈으로 상업을 바라보는 사람들의 인식을 논리로 개선하고자 노력했다.

그는 다양한 표현으로 상인의 입장을 옹호했는데, 그중 '상인이 물건 매매로 얻는 이익은 무사의 녹봉과 같다'는 말이 가장 유명하다. 이는 곧 무사가 주군에게서 받는 녹봉과 상인이 물건 매매로 얻는 이익이 똑같은 성질이라는 주장이다. 사농공상의 가장 윗자리에 위치한 무사 계급을 끌어들여 상인 계급에 관해 이야기하는 것은 당시의 상식으로는 파격적인 일이었다.

물건을 판매함으로써 이익을 얻는 것이 상도다. 원가로 파는 것이 상도라는 이야기는 들어본 적이 없다. 판매 이익을 얻는 것이 탐욕이며 도에 어긋난다면, 공자孔子는 왜 자공子貢을 제자로 삼았을까? 자공은 공자의 도를 물건 매매에 응용한 사람이다. 자공도 판매 이익이 없었다면 부유해지지 못했을 것이다. 상인이 물건 매매로 얻는 이익은 무사의 녹봉과 마찬가지다. 매매 이익이 없다는 것은 무사에게 녹봉이 없다는 것과 같다.

-《도비문답》

자공은 공문십철孔門十哲로 불리는 공자의 뛰어난 제자 열 명 가운데 한 명이다. 그는 우수한 상업 재능을 발휘해 부유해진 것으로 유명한 인물이다. 바이간이 여기에서 구태여 공자의 제자까지 동원한 이유는 당시 상업에 가장 과격한 공격을 가하던 사람들이 유학자들이었기 때문이다. 유학자는 상업을 부정했지만, 정작 유학의 창시자인 공자는 상업에 재능 있는 자공을 제자로 삼았다. 이는 공자가 상업을 비판적으로 바라보지 않았다는 증거다.

'상인이 물건 판매로 얻는 이익은 무사의 녹봉과 마찬가지다'에 뒤이어 '판매 이익이 없는 것은 무사에게 녹봉이 없는 것과 같다'가 등장한다. 만약 상인이 물건 판매로 이익을 얻지 못하면, 그것은 무사가 녹봉 없이 주군을 섬기는 것과 마찬가지라는 주장이다. 무사의 녹봉은 단순한 급여 이상의 의미가 있다. 무사가 자진해서 녹봉을 거부하는 행위는 결례에 해당하며 주군을 모욕하는 일이기도 했다.

바이간은 상인이 이익을 얻지 않는 것도 모욕 행위라고 생각했다. 그것은 바로 하늘의 이치에 대한 모욕이었다. 매매 이익을 얻지 않는다는 것은 사계절의 변천과 마찬가지인 상행위를 부정하는 것이며, 이는 자연의 섭리를 배신하는 행위다. 당연한 이치에 따르지 않는 오만한 태도기도 하다.

그러므로 무사가 녹봉을 받는 것은 욕심 때문이 아니다. 욕심은 자기의 이익을 과도하게 추구하는 마음을 말한다. 그들은 예의를 지키면서 주군으로부터 급여를 받은 것에 불과하다. 즉 이것은 무사도에 부응하는 행위인 것이다. 상업에서의 이익도 이와 같은 의미라는 것이 바이간의 의견이었다. 욕심이 아니라 예의, 즉 사회와 인간의 관계성을 존중하는 태도가 판매 이익을 얻는 근거다.

'원가로 파는 것이 상도라는 이야기는 들어본 적이 없다'라는 문장은 지금까지의 설명을 이해해야 비로소 진의가 드러난다. 물건 매입가에 이윤을 붙이지 않고 그대로 판매하는 행위는 결례에 해당하고 이치에 맞지 않는다. 매입가로 판매하기를 상인에게 강요하면, 상인이 가난해지고 상업 자체가 사라질 것이다. 그러면 유통이 정체되고 사회가 무너질 것이다. 생물로 비유하면, 혈관이 막혀 피가 흐르지 않게 되는 것과 같다.

> 《역경》에서 이야기하듯 물자를 파는 것이 장사다. 그러므로 상품을 파는 행위에 녹봉이 포함되어 있음을 알아야 한다. 이런 이유로 상인은 왼쪽에 있는 물건을 오른쪽에 건네주는 것만으로도 이내 이익을 취할 수 있다. 부정한 짓을 해서 이익을 얻는 것이 아니다. 물품을 대규모로 중개해주는 도매상이 수수료를 챙기는 사실은 가게에 게시되어 있으므로 누구나 알 수 있다. 이는 거울에 물건을 비추듯이 명백한 사실이며 숨길 이유도 없다. 올바르게 이익을 취한다는 증명일 뿐이다. 상인은 정직하게 이익을 취함으로써 생활을 꾸려나간다. 즉시 이익을 취하는 것이 상인에게는 정직한 일이 된다. 이익을 취하지 않는 것은 상도가 아니다.
>
> -《도비문답》

바이간은 《도비문답》에서 고전의 구절을 자주 인용하는데, 이는 자신의 교양을 자랑하기 위해서가 아니라 권위 있는 고전의 구절로 상업을 옹호하고 자신의 주장에 설득력을 높이기 위함이었다. 당시 고전을 인용하지 않았다면 아무도 상업을 옹호하는 의견에 귀를 기울여주지 않았을 것이다.

바이간은《역경》의 구절을 인용한 후에 곧바로 '왼쪽에 있는 물건을 오른쪽에 건네주는 것만으로도 이내 이익을 취할 수 있다'고 말했다. 그리고 이는 전혀 부정한 짓이 아니라고 했다. 왼쪽에 있는 물건을 오른쪽에 건네준다는 것은 다름 아닌 '유통'을 뜻한다. 유통과 관련한 일로 이익을 얻는 것은 오늘날 전혀 이상할 것이 없는 일이다. 그러나 당시에는 유통이 무언가 형태를 지닌 물건을 만들어내는 행위가 아니라는 이유로 비판의 대상이 되었다.

이어지는 도매상 이야기는 마치 이번 장의 첫머리에 소개한 오규 소라이의 상인 비판에 대한 반론처럼 들린다. 소라이는 '장사 자체를 하지 않고 그저 수수료만 챙기는 일'을 하는 도매상들을 질책했다. 소라이는 이를 '교묘한 술수'라고 표현했지만, 바이간은 도매상이 수수료를 챙기는 사실이 가게에 게시되어 있으므로 누구나 알 수 있으며 이를 숨길 이유도 없다고 주장했다. 또한 도매상이 이처럼 왼쪽에 있는 물건을 오른쪽에 건네주는 일로 명시된 수수료를 받는다는 방침을 미리 밝히기 때문에, 이보다 더 투명한 태도도 없다고 생각했다.

바이간이 꿰뚫어본 시장 원리

• •

바이간이 상업에 관해 깊이 연구할 수 있었던 이유는 상업 세계에서 오랜 세월 동안 직접 겪어낸 경험 덕분이었다. 그는 20년 이상 가게에서 일하며 다양한 사건들을 보고 들었다. 그렇게 해서 얻어낸 그의 결론은 상인들에 대한 세상의 비판이 완전히 잘못되었다는 것이었다. '올바르게 살아가는 상인'은 거리낄 일이 하나도 없다. 상인으로서의 경험은 사상가 바이간에게 동시대의 다른 유학자들이 얻지 못한 지혜를 선사해주었다. 바이간은 그 지혜를 이용해 시장이라는 시스템을 인식하고 그 원리를 이해했다.

그와 동시대에 살았던 사람들은 상인을 비판할 때 상품 가격 변동을 문제 삼았다. 상인이 원래 상품 가격에 '자기 이익'을 제멋대로 보태서 가격을 올려버린다고 생각했기 때문이다. 그것이 맞는 말이라면 상품 가격이 불안정해지는 이유는 상인의 욕심 때문이라는 말이 된다. 이러한 비판에 바이간은 놀라운 만큼 명쾌한 설명으로 반박했다. '상품 가격은 시장경쟁에 의해 변동하는 것'이라고 논한 것이다.

> 상품 가격은 그때그때 시세에 따라 달라진다. 은 100돈으로 매입한 물건이 90돈에 팔리면 손해 보는 장사가 된다. 그러므로 100돈으로 구입한 물건을 120~130돈에 팔아야 하는 것이다. 시세는 오를 때가 되면 오르고, 내려갈 때가 되면 내려간다. 이는 하늘의 조화인 것이지, 상인이 제멋대로 조정하는 것이 아니다. 관에서 정해놓은 가격이 아닌 한, 때에 따라 가격은 오르락내리락하는 법이다. 이렇게 가격이 위아래로 변동하는 것은 통상적인 일이다. 오늘 아침까지만 하더라도 1냥으로 쌀 한 섬을 살 수 있었는데, 같은 날 오후에는 1냥으로 쌀 아홉 말밖에 못 사는 경우도 생겨난다. 금화의 가치가 내려가 쌀의 가치가 오르거나, 금화의 가치가 올라 쌀의 가치가 내려가는 경우도 있다. 세상에서 가장 중요한 상품인 쌀마저도 이런 식이다. 그러니 그 외 상품의 시세가 오르내리는 것 역시 당연한 일이다.
>
> -《도비문답》

상업 세계에는 시세라는 것이 있다. 은 100돈에 구입한 상품이 90돈에 팔릴 때도 있는데, 그러면 상인이 손해를 감수해야 한다. 그런 경우를 대비해 120~130돈에 판매하는 경우도 생겨나는 것이다. 바이간은 이 시세가 하늘의 조화지, 결코 상인의 술수가 아니라고 역설한다.

"가격 변동은 상인의 의도에 좌우되는 것이 아니다. 오히려 상인은 시세 변동을 항상 경계하며, 만에 하나 급격한 가격 하락으로 파산하는 사태를 피하기 위해 미리 상품 가격에 어느 정도의 이익을 포함시키려고 한다."

이러한 바이간의 설명은 현대적인 시각으로 보아도 무리가 없고 타당하다. 특히 시장가격이 인간의 지혜를 넘어선 것이라고 설명한 부분에서 그의 예리한 통찰력을 알 수 있다.

시장이 상인 개개인의 능력을 훨씬 능가하는 힘을 지녔다는 사실과 똑바로 마주하면 바이간의 다음과 같은 설명이 전혀 억지스럽지 않으며 일리가 있다는 사실을 깨달을 수 있다.

> 세상의 다른 상인들을 모두 무시하고 혼자서 원가와 이익을 마음대로 정해서 물건을 팔 수는 없다. 이는 거짓이 아니다. 이것이 거짓이라면 판매라는 행위가 성립하지 않는다. 판매가 성립할 수 없으면 파는 사람이나 사는 사람이나 불편해진다. 그런 상황이 되면 상인은 생업을 잃고 생계를 위

해 농민이나 장인이 되어야 한다. 상인이 모두 농민과 장인이 되어버리면 물자를 유통하는 자가 사라지고 만민이 곤란에 처할 것이다.

-《도비문답》

가령 세상 사람들이 상인들에게 상품의 원가와 이익을 미리 정해놓은 가격으로 표시하도록 지시하면 상업은 무너져버릴 것이다. 바이간은 시장경쟁으로 가격이 결정된다는 사실과, 쌀처럼 중요한 상품도 가격 변동을 피할 수 없다는 사실을 설명한 후에 이 같은 결론을 내렸다. 소라이처럼 상품 가격이 상인의 욕심으로 결정된다고 생각하는 사람들이 주류였던 시대에, 이렇게까지 명료하게 가격과 시장을 깊이 이해했던 사상가가 존재한다는 사실에 놀라지 않을 수 없다.

이중 이익을 취하지 말아야 하는 이유

• •

지금까지의 이야기를 살피면 바이간이 '상인을 높이 평가했다'고 여길지도 모른다. 하지만 그렇지 않다. 바이간은 사실만을 주장했을 뿐이다. 그는 단 한 번도 상인이 다른 계급 사람들에 비해 높은 중요도를 갖는다고는 이야기하지 않았다. 상인과 상업의 의의를 강력히 주장한 이유는 당시 상인을 천하게 보는 인식이 널리 퍼져 있었기 때문이다.

> 사농공상의 사민四民은 천하를 통치하는 데 큰 힘이 된다. 사민 중 어느 하나라도 빠진다면 문제가 발생할 것이다. 사민을 통치하는 것은 군주의 직분이다. 군주를 돕는 것은 사민의 직분이다. 농민은 논밭에 있는 신하이며, 상인과 장인은 시장에 있는 신하이다. 신하로서 군주를 돕는 것이 신하의

도리다.

-《도비문답》

바이간은 사농공상의 구별을 수용하면서도 그 차별을 인정하지 않았다. 사민은 각각 독자적인 역할을 가지고 있으며 어느 한 역할이 빠지면 세상을 유지하고 존속시킬 수 없다고 여겼다. 이는 근대적 사상에 상당히 근접한 주장이었다.

상인은 다른 계급 사람과 마찬가지로 사회에 도움이 되며, 당연히 지켜야 할 도덕도 있었다. 가장 중요한 도덕은 앞서 설명했듯 자기 이익을 과도하게 좇지 않는 것이다. 바이간이 그 예로 든 것은 이중 이익을 취하지 말라는 것이었다. 이에 관해 그는 다음과 같은 사례를 통해 쉽게 설명했다.

> 여기 비단 한 필과 허리끈 한 줄이 있다. 길이가 규정보다 한두 치밖에 짧지 않은 것이어도 포목점에서 매입할 때는 길이가 짧다는 점을 지적하며 가격을 깎으려 할 것이다. 그러나 겨우 한두 치의 문제기 때문에 손님에게 팔 때는 하자 물건으로 취급하지 않고 비단 한 필과 허리끈 한 줄의 통상적인 가격을 온전히 받으려고 할 것이다. 즉 길이가 짧다는 이유로 가격을 깎으면서도, 길이가 짧지 않은 물건과 똑같은 이익을 취하는 것이다. 이것이 바로 이중 이익이며, 이는 되

의 용량을 속여 쌀을 파는 것과 같은 악덕 행위다.

-《도비문답》

비단과 허리끈이 규정보다 짧은 길이라는 이유로 통상적인 상품 값보다 싼 값에 매입하고, 판매할 때는 그 짧은 길이를 밝히지 않고 통상적인 상품 값과 동일한 가격을 받는 행위가 이중 이익을 취하는 것이라고 설명한다.

그 외에도 바이간은 매입한 옷감에서 염색이 조금 잘못된 부분을 트집 잡아 염색 장인에게 지급할 대금을 깎고 옷감을 주문한 고객에게서는 제값을 다 받는 행위 등을 사례로 들었다. 이러한 사례들은 포목점에서 일했던 그가 실제로 경험하거나 동료들에게서 전해들은 이야기였다.

'이중 이익' 이야기는 관점에 따라서는 그다지 큰 문제가 아니라고 생각할 수도 있다. 이는 법을 위반하는 것도 아니며, 상인이 뛰어난 교섭술을 발휘해 이익을 올린 사례라고도 볼 수 있기 때문이다. 바이간은 이에 관해 '되의 용량을 속이는 행위', 즉 쌀을 매입할 때는 큰 용량의 되를 사용하고 판매할 때는 작은 용량의 되를 사용하는 행위와 같은 사기술이라고 규탄했다. 하지만 가격을 교섭하는 행위와 되의 용량을 속이는 위법 행위를 동일 선상에 놓고 보기는 어려울지 모른다.

그런데도 왜 바이간은 이런 행위를 강력히 비난했을까? 그 이유는 이중 이익을 취하는 행위가 욕심에서 비롯된 것이며, 결코 정당한 공감을 불러일으키지 못하기 때문이었다. 법에 어긋나지만 않으면 문제될 게 없다는 사고방식은 곧 규칙지상주의다. 바이간은 그것을 가장 혐오했다. 의도만 따져본다면 '이중 이익을 취하는 행위'는 '이중의 되를 사용하는 행위'와 다를 바 없다는 점을 부정하기 어렵다.

만약 자신이 이중 이익을 취하는 상인의 고객이 되어 그의 교묘한 수법을 알게 되면 어떤 기분이 들까? 법을 위반하지 않는다는 이유로 용서하는 사람도 있을 것이다. 그러나 대다수가 그 상인과의 거래를 다시 생각해볼 것이다. 그 행위 자체에 비호감을 느끼는 것 이상으로, 그의 불순한 마음을 혐오하게 되기 때문이다.

반드시 정직한 사람이 번성한다

• •

어떤 지역이나 국가에 이중 이익을 취하는 상인만 가득하다면, 장기적으로 볼 때 그 지역, 국가는 쇠퇴할 것이다. 무엇보다 교섭술을 향상시키려는 상인만 늘어나고, 정작 중요한 상품의 질이 점점 떨어질 가능성이 크다. 또한 지역 · 국가 경쟁력이 떨어지고 사람들의 생활 수준도 낮아질 것이 틀림없다.

욕심에 의해 이루어지는 행위의 대부분은 단기적으로 수입을 증가시킬지언정 장기적으로는 기대하던 바와 정반대의 상황을 초래하는 법이다. 바이간은 행위 자체보다 마음의 상태를 고쳐야 한다고 보았다. 그가 가장 이상적이라고 생각하는 마음의 상태는 '정직'이었다.

내가 타인의 성실한 면과 불성실한 면을 알 수 있는 것처럼,

> 타인도 나의 성실한 면과 불성실한 면을 알 수 있다.《대학大學》에 쓰여 있듯이 '타인은 나의 마음 깊숙한 곳까지 꿰뚫어 본다'의 진리를 알면 미사여구 없이 사실대로 이야기하므로 정직한 사람이 된다. 정직한 사람은 무엇이든 맡길 수 있고 의지할 수 있는 사람으로 인정받기 때문에 별 고생 없이 남들의 갑절만큼이나 물건을 팔 수 있다. 정직함을 바탕으로 마음을 터놓고 지내는 사이가 되는 것이 자신에게나 상대방에게나 좋은 일임을 알아야 한다.
>
> -《도비문답》

내가 타인의 성실함과 불성실함을 잘 살피고 있듯 타인도 나의 성실함과 불성실함을 항상 살피고 있다. 그러므로 내가 정직하다면 주변 사람들은 반드시 그 점을 알아줄 것이다. 그와 달리, 겉모습을 아무리 꾸며도 마음이 정직하지 않다면 그 점 역시 주위에 자연스레 알려질 것이라고 바이간은 말한다.

정직한 자는 결과적으로 장사도 번성할 것이라고 언급한다. 이는 생각해보면 충분히 납득할 수 있는 이야기다. '이중 이익'을 취하는 사람보다 정직한 사람과 거래하고 싶은 것이 인지상정이기 때문이다. 정직한 사람이야말로 장기적으로 번성할 것이라는 사실을 바이간은 다음과 같은 표현으로 이야기했다.

'선행을 쌓는 집에는 반드시 보답이 따르고, 불선不善을 쌓는 집에는 반드시 재앙이 닥친다. 주군을 죽이는 신하는 자신의 자식에게 죽임을 당한다.' 이것은 《역경》에 나오는 말이며, 가르침의 요체다. 성인聖人의 인심仁心을 잘 생각해보아야 한다. 성인은 이처럼 불선을 증오한다. 그 점을 알면, 이중 이익을 취하거나 되의 용량을 속이거나 몰래 사례를 받는 행위는 《논어論語》에서 말하는 '뜬구름浮雲'처럼 미덥지 못하다고 생각해야 한다. 이런 행위를 삼가는 것은 학문의 힘에 의해서만 가능하다. 세상 돌아가는 상황을 보면, 상인인 듯하면서도 사실 도둑인 자가 있다. 진정한 상인은 상대방에게도 이롭고 자신에게도 이로운 일을 생각하는 법이다.

-《도비문답》

첫머리에 등장하는 《역경》의 인용문은 '이중 이익' 같은 정직하지 않은 행위로 당장의 이득을 얻은 이에게는 결국 커다란 재앙이 닥친다는 것을 이야기한다.

바이간이 정직을 매우 중요한 도덕이라고 역설한 이유가 인간의 본성에 딱 들어맞기 때문이라는 점도 잊어서는 안 된다. 우리는 정직한 사람에게 공감할 수 있다. 정직하지 않은 자를 마음으로부터 칭찬할 수 있는 사람은 아무도 없어야 한다. 그런데 그런 당위와 달리, 실제로는 정직하지 못한 자가 세상에 수두룩하고, 그들에게 공감을 느끼는 자도 적지만 존재한다. 하지만 정직하지 않은 자를 높이 평가하고 정직한 자를 어리석다고 생각하는 사람들은 인간의 본성을 잃어버린 것이나 마찬가지다. 바이간은 그런 사람들을 올바른 길로 이끌기 위해 학문이 존재한다고 말한다.

현대에는 인간의 본성에 관한 이야기가 여러 가지로 잘못 해석되는 경우가 많은 듯하다. 성선설性善說을 떠올려보기 바란다. 성선설은 '인간은 기본적으로 선하다'는 주장이 아니다. '성性'이란 인간의 본성을 뜻하며, 성선설은 인간이 커다란 노력으로 본성을 되찾을 수 있다면 그것이 곧 선이라고 주장하는 것이다. 바이간의 사상은 맹자의 철학을 기반으로 성선설을 채용함과 동시에 인간이 '선을 되찾기가 매우 힘들다'는 사실도 인식하고 있었다.

인간의 본성은 공동체를 존속하는 행동을 옳다고 판단한다. 인간이 단독으로 살아갈 수 없는 존재이기 때문이다. 상인이라면 더더욱 그 점을 의식해야 한다. 상인의 일은 거래처와 고객이 있어야만 성립되기 때문이다. 혼자서만 큰 부자가 된다고 한들 주변 사람들이 떠나버린다면 무슨 의미가 있겠는가? 그러므로 '진정한 상인은 상대방에게도 이롭고 자신에게도 이로운 일을 생각하는 법'이다. 이것이야말로 짧지만 강력한 메시지다.

제4장

검약은 개인만을 위한 것이 아니다

소비와 검약,
어느 쪽이 맞을까?

• •

바이간의 사상을 이야기할 때 정직과 근면 외에 '검약'이 자주 사용된다. 그런데 검약이라는 말은 많은 사람들을 짜증나게 만들기도 한다. 사치가 지나치면 좋지 않다는 사실을 누구나 알고 있기 때문이다. 그 이야기를 한 번 더 들어 새롭게 얻을 것이 뭐가 있겠는가?

검약이라는 말에 대한 거부 반응은 늘 있어 왔다. 경기가 침체되어 있을 때 정치가와 평론가는 "개인 소비가 저조하다"고 매일같이 지적한다. 또 소비가 저조한 상태에서는 상황 호전을 기대할 수 없다고 역설한다. 경제학 지식이 조금이라도 있는 사람들은 그런 말을 듣고 순순히 납득할 수밖에 없다.

부동산에 투자하고, 가끔 사치스러운 외식도 하면서 휴일에는 리조트에 가서 돈을 써댄다면 경기가 좋아질 가능성이 조금은 높아질 것이다. 그러나 어렸을 때 주변의 어른들은 "돈을 허투루 쓰면 안 된다"고 입에서 단내 나도록 이야기했다. 그것은 틀린 말이었을까? 가능하면 돈을 마구 써대는 것이 '어른으로서의 사회적 책임'일까?

소비와 검약 이야기는 항상 많은 사람들의 머릿속을 혼란스럽게 만든다. 외국 관광객을 끌어들여 국가 경제를 살리자는 식의 의견도 각종 언론을 통해 종종 흘러나와 사람들의 사고 회로를 뒤죽박죽으로 만들어놓는다.

"돈을 많이 쓸수록 경기도 점점 좋아집니다. 그러면 국민은 유복해지고 행복한 인생을 보낼 수 있습니다. 조금 행복해졌다고 해서 소비를 멈춰서는 안 됩니다. 주머니에 돈이 들어오면 마구 써서 경제가 정체되지 않도록 노력해야 합니다."

아무도 직접적으로 이야기하지는 않지만, 우리는 이런 말을 날마다 듣고 있는 것 같은 기분이 든다. 그런데 이러한 혼란 속에서 일부 사람들은 의문을 품기 시작한다. 바로 '끊임없이 소비만 하는 인생이 과연 행복할까?'라는 의문이다. 하지만 그런 의문도 다음과 같은 새로운 논리에 의해 무력화된다.

"'끊임없이 소비만 하는 인생이 과연 행복할까?'는 어리석은 질문입니다. 소비가 곧 행복이기 때문입니다. 물건을 사는 것 자체가 완벽한 행복이라는 사실을 자각하십시오."

각종 언론에서 이 같은 새로운 논리를 퍼뜨리고 있다. 유명

브랜드의 액세서리, 매체에 소개된 식당, 높은 인기를 누리는 관광지 등에 사람들은 벌떼처럼 몰려든다. 마치 소비가 곧 행복이라고 스스로 세뇌하려는 듯 말이다. 그러나 흥미로운 점은 그러한 소비조차 인간의 본성 영역을 벗어날 수 없다는 사실이다. 브랜드 상품이든 식당이든 관광지든 소비의 대상은 '공동체 구성원들이 인정한 것'뿐이다. 인간은 혼자서 살아갈 수 없으며, 공동체의 일원이 되는 것 외에 생존할 방법이 없다. 우리는 그 사실을 잘 알고 있기에 공동체의 가치관에 따라 소비하고 타인에게 과시함으로써 기쁨을 느끼고 안도한다.

활발한 소비로 사회가 반드시 발전할 것이라는 믿음이 널리 퍼져 있는 상황에서 불쑥 검약에 관한 이야기를 들이밀면 누가 납득할 수 있을까? "사치가 나쁘다는 말은 이제 고리타분하다!" 누구나 외치고 싶은 심정일 것이다. 그렇다면 '소비'가 옳고 '검약'이 그른 것일까? 꼭 그렇다고는 할 수 없다. 소비를 권장하는 사회 분위기 속에서도 검약을 권장하는 사람들은 끊이지 않았다. 돌이켜 생각해보면 금방 깨달을 것이다. 검약을 권장하는 사람들은 주변의 친한 사람들이고, 소비를 권장하는 사람들은 나와 딱히 관련 없는 남이라는 사실을 말이다. 신문이나 TV 프로그램에 등장해 활발한 소비의 중요성을 이야기하는 사람들은 자신의 친구나 지인에게까지 마구 돈을 써대라고 권하지 않을 것이다. 그들이 소비 욕구를 자극하는 대상은 이름도 모르는 불특정 다수일 뿐이다.

이 사실을 이해한다면 다음과 같이 말할 수 있다. 소비는 단 한 번도 도덕이라는 범주에 들어간 적이 없다. 그에 비해, 검약은 이전부터 도덕이라는 범주의 한 자리를 꿰차고 있다. 과연 부모는 사랑하는 자식에게 "경제 활성화를 위해 돈을 마구 쓰거라"라고 가르칠 것인가? 아니면 "돈을 낭비하지 말고 가능한 한 저축하거라"라고 가르칠 것인가? 당연히 후자일 것이다. 수많은 사람들이 자신의 사회적 입장과 상관없이 무의식적으로 '소비는 도덕적 행위가 아니며, 검약은 도덕적 행위다'를 인정하고 있는 셈이다.

소비를 위해 검약이 필요하다

• •

경제 상황을 개선하기 위해 개인 소비를 활성화하려는 것은 논리적으로 타당한 노력이다. 그러나 정치가가 국민에게 더 많이 소비하라고 끊임없이 요구할 수 있을까?

소비 자체가 즐거움이자 행복이라고 주입받아온 사람들은 인간의 본성에 따라 자신의 소비를 주변에 자랑하고, 질투의 대상이 되는 것으로 더 큰 행복감을 얻으려고 한다. 인간은 남들로부터 인정받고 싶어 한다. 그래서 고가의 희귀한 상품이나 많은 사람들에게 인기 있는 상품을 소비하는 것이 인정 욕구를 채울 수 있는 행위가 되었다. 물론 소비 대상은 형태가 있는 제품에 한정되지 않는다. 유명한 관광지에 사람들이 몰려드는 것도 마찬가지 이유에서다. 인터넷과 SNS는 소비를 과시하는 데 가장 적합한 도구가 된다.

인정 욕구를 채우기 위한 소비는 상당히 위험하다. 소비가 인간 본성에 기인하는 것으로 인식되기 때문이다. 이렇게 되면 극도로 소비에 몰입하게 되고, 소비가 생존과 관련된 행위로 바뀌면서 더 이상 이성으로 소비 욕구를 억제할 수 없게 된다. 앞서 말했듯이, 소비는 국가 경제를 호전시키기 위한 방법으로 사회적인 인정을 받고 있다. 이러한 상황에서는 소비 행위에 대한 반성을 이야기하기가 매우 어렵다.

그렇다고 해서 소비에 관한 문제를 방치해둘 수 없다. 오래되고 고리타분한 '검약'이라는 도덕을 요즘 세상에 끄집어내는 것은 결코 무의미한 일이 아니다. 사실 사태는 생각보다 더 심각하다. 소비와 행복을 결부시키는 전제는 규칙지상주의로 귀결한다. 소비하려면 당연히 돈이 필요하고, 행복이 소비와 결부된 이상, 목표는 많은 돈을 버는 것이 된다. 결과적으로 돈을 벌기 위해 수단과 방법을 가리지 않게 된다.

누구도 불법적인 일을 저질러 범죄자가 되고 싶지는 않을 것이다. 교도소에 들어가면 소비할 기회조차 박탈당하기 때문이다. 우리는 범죄자가 되지 않는 범위 내에서 가능한 한 많은 수입을 얻고 싶어 한다. 그러다 보니 머니 게임이나 투기에 이끌린다. 이는 법을 위반하는 일이 아니나 그렇다고 해서 남들이 공감해주거나 칭찬해주는 일도 아니다. 하지만 위법이 아닌 이상, 단기적으로 막대한 돈을 벌 수 있는 기회에 사람들은 몰려드는 법이다.

규칙지상주의가 만연한 사회는 도덕을 상실한 사회일 뿐 아니라, 자율적 사고를 포기한 사람들의 소굴이기도 하다. 소비를 부추기는 사회는 더 이상 인간의 사회라고 할 수 없다. 전혀 과장된 공상이 아니다. 규칙지상주의에 사로잡힌 사회를 상상하기는 어렵겠지만, 규칙지상주의에 사로잡힌 개인을 상상하기는 어렵지 않다. 무분별하게 소비하다가 파산하는 사람, 가족을 잃는 사람, 최악의 경우 목숨까지 잃는 사람도 있다. 소비가 곧 행복이라고 믿더라도, 규칙지상주의를 마음 깊이 받아들이면 행복을 실감하는 순간이 두 번 다시 찾아오지 않는다.

그렇다면 소비는 나쁜 것일까? 물론 그렇지 않다. 소비는 사회에 활력을 주는 중요한 행위다. 그러나 한도가 필요하다. 행복이 소비와 지나치게 결부되는 일은 막아야 한다. 이를 가능하게 하는 내적인 힘은 도덕에서만 나온다. 따라서 소비와 검약을 양자택일하는 것은 무의미하다. 소비도 필요하지만, 지나친 소비를 통제하기 위한 검약도 필요한 것이다. 소비만을 부추기지 말고, 그 전제로서 검약이라는 도덕도 갖추도록 해야 한다. 이는 현대에 와서 더욱 중요해졌다고 단언할 수 있다.

사치란 무엇일까

• •

일찍이 1628년에는 '농민의 의복은 무명옷으로 한정한다'라는 명령이 있었고, 에도 시대에는 검약령儉約令이라는 법령이 존재했다. 막부幕府와 각 번藩에서 지속적으로 검약령을 발령했다. 검약령은 '절약 장려와 사치 금지를 명하는 것'과 '막부의 재정 긴축을 목적으로 하는 것'으로 나눌 수 있었다. 전자는 도시 상인이 힘을 얻기 시작한 17세기 후반 이후 등장했으며, 이는 '신분에 어울리지 않는 사치스러운 생활'을 제재하기 위한 것이었다. 즉 신분제도 유지를 목적으로 삼았다고 할 수 있다.

근세 이전, 이 검약령과 유사한 법령의 발령이 세계적으로 유행하는 추세였다. 그런데 대체로 검약령을 내린 군주나 중앙정부는 그 검약령의 대상에서 제외되었다. 특별히 명문화된 규칙은 아니었지만, 권력자는 검약을 장려하면서도 정작 자신은 사치스러운 생활을 하는 일이 흔했다. 아무리 가난한 국가도 위정자와 그 주변 무리는 돈을 끌어모아 흥청망청 써댔다.

그러나 일본의 근세는 그 반대였다. 쇼군將軍(일본 막부 정권의 최고 실권자—역자)에 따라 다소 다르겠지만, 막부는 중앙정부치고는 경제적으로 빠듯했다. 에도 시대 말기 초대 주일 미국 총영사로 부임한 타운젠드 해리스는 일본에 오기 전에는 인도네시아와 중국에서 무역상으로 일했다. 그는 1857년에 에도 성城을 방문했는데, 그때 목격한 성 안의 인상을 다음과 같이 적었다.

> 쇼군의 의복은 약간의 금 자수가 놓인 비단으로 되어 있었다. 그것은 상상할 수 있는 왕다운 호화로움과 거리가 멀었다. 빛나는 보석도, 정교한 황금 장식도, 손잡이에 다이아몬드를 박아놓은 칼도 없었다. 오히려 나의 복장이 그의 복장보다 훨씬 값비싼 것이라고 해도 과언이 아니었다.
>
> -《해리스 일본 체재기》

자신과 성을 고가의 보석이나 금박으로 장식하는 것을 좋아한 권력자들과 달리 쇼군은 해리스 같은 일개 외교관보다도 값싼 의상으로 몸을 감싸고 있었다. 해리스가 에도 성을 방문한 1857년, 나가사키해군전습소의 교관으로 일본에 온 네덜란드 군인 카텐데이커Kattendijke도 다음과 같은 기록을 남겼다.

일본인이 다른 여러 동양 민족과 상이한 특성 중 하나는 사치와 호화로움에 집착하는 마음이 없다는 것이다. 매우 고귀한 사람들의 거처도 극히 간소하고 단순하다. 오히로마大広間(에도성에서 다이묘가 열석해서 쇼군을 대면하던 넓은 방—역자)에도 의자, 책상, 책장 등의 비품이 하나도 없다. 에도성 안에는 수많은 사람이 있는데, 그들은 모두 정숙을 제일로 여기므로 성 안은 고요하다. 이는 유럽의 궁전에서 들리는 잡다한 소음과는 완전히 대조적인 인상이었다.

-《나가사키해군전습소의 나날》

이처럼 에도 시대 말기의 일본에는 타국과 현저히 다른 미의식이 정착해 있었다. 고가의 재료로 화려하게 꾸민 것이 아닌, 소박하고 간소하지만 '와비사비侘び寂び(수수하면서 정적인 일본의 미의식 중 하나—역자)'가 깃든 것을 아름답게 여기는 심성이다. 일부 사람만의 숙련된 기술로 만들어지는 아름다움은 단순한 소비로는 도달할 수 없는 것이었다. 당시의 일본인은 독특한 고유의 아름다움을 즐기는 것이야말로 진정한 사치라는 의식이 있었다. 그래서 돈을 과시하듯이 쓰는 것이 행복이라는 생각을 거의 하지 않았다.

세상을 위한 절약

• •

석문심학은 18세기 중반 이후 일본 전국으로 퍼져, 계급을 막론하고 수많은 사람들에게 영향을 끼쳤다. 에도 막부 말기의 일본에서 볼 수 있는 미의식에 심학이 어느 정도 담겼는지는 알 수 없으나 한 가지 사실만은 확실하다. 바이간의 검약론을 알면 일본의 미의식을 더욱 깊이 이해할 수 있다.

바이간이 역설한 검약은 통상적인 의미의 절약을 가리키기도 하지만, 또 다른 의미를 내포하기도 한다. 그에 관해 바이간이 설명한 부분을 살펴보겠다.

> 검약이라는 것은 세간에서 흔히 말하는 것과 달리, 자신을 위해 무언가를 절약하는 것이 아니다. 세상을 위해, 세 개로 해결해야 할 것을 두 개로 해결할 수 있도록 노력하는 일을

> 검약이라고 한다. 《서경書經》에 '백성은 나라의 근본이고, 근본이 튼튼하면 나라는 평안하다'가 쓰여 있다. 그 근본을 튼튼하게 만들려면 백성에게 식량을 충분히 마련해주어야 한다. 그러기 위해서는 왕이 백성에게서 공납을 적게 거두어들여 백성을 풍요롭게 만들어야 한다. 예를 들어, 백성이 지금까지 쌀 석 섬을 공납했다고 한다면, 왕이 필요한 양을 조정해 앞으로 두 섬만 공납하도록 하는 것이다. 백성은 지금까지 다섯 섬 생산해서 두 섬을 남겼지만, 앞으로는 네 섬 반만 생산해도 두 섬 반이나 남길 수 있다. 그만큼 백성의 이익이 늘어나는 셈이다.
>
> -《이시다 선생 어록石田先生語録》

바이간은 검약이 세상을 위한 것이어야 한다고 역설한다. 일반적으로 검약이라고 하면 자신을 위해 절약하는 것이라고 생각하기 십상이지만, 바이간은 그렇지 않다고 말했다. 검약은 세상을 위한 절약이라고 주장했다. 바이간은 기존에 세 개 필요했던 것을 두 개로 해결할 수 있다면 그만큼 세상을 이롭게 하는 것이라고 이야기했다.

인용문은 위정자의 검약에 관한 이야기라서 더욱 흥미롭다. 서민의 검약에 관한 이야기부터 시작하던 보통의 가르침과 달리 바이간은 검약이 세상을 위한 것임을 보여주기 위해 위정자의 검약을 먼저 설명했다. 《서경》의 가르침대로 나라의 근본은 백성이다. 그리고 그 근본인 백성에게 가장 필요한 것은 역시 식량이다. 따라서 기존에 쌀 석 섬 필요했던 공납을 두 섬으로 해결할 수 있다면 백성은 크게 안도하고 그만큼 여유를 누릴 수 있게 된다.

그런데 이렇게 감면 조치하는 경우, 위정자에게는 다양한 고충이 생겨날 것이다. 수입이 3분의 2로 줄기 때문에 이를 극복하기 위해 내부에서 상당한 노력을 기울여야 한다. 이처럼 검약은 세상을 위한 행위이기에, 그 행위를 함으로써 본인의 일상생활이 크게 변화하는 혹독한 상황을 맞이할 수도 있다. 자진해서 절약을 수행하는 사람이 적은 이유는 그런 불편을 감수하고 싶지 않기 때문이다.

또한 바이간은 《제가론》에서 검약의 필요성을 다음과 같이 설명했다.

> 높은 신분에서 낮은 신분까지 직분은 다르지만 이理는 하나다. 검약을 이해하고 실행하면 가정이 바로잡히고, 나라가 안정되며, 천하가 태평해진다. 이것이야말로 대도大道라고 할 수 있지 않을까? 검약이라는 것은 곧 몸과 마음을 수양하고 집안을 다스리기 위함이다. 《대학》에 쓰여 있듯, 천자부터 서민에 이르기까지 오로지 심신을 수양하는 것이 근본

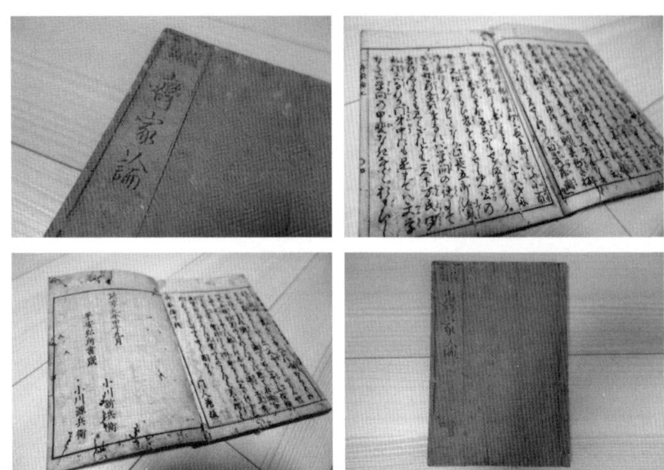

1744년에 간행된 《제가론》(저자 소장본)

이다. 심신을 수양함에 어찌 사농공상의 구별이 있겠는가?

-《제가론》

어떤 신분이든 검약이 필요하다는 견해다. 바이간은 검약을 실행하면 가정이 바로잡히고, 다시 말해 제가齊家가 달성되고, 국가도 잘 통치되며 천하가 평화로워진다고 설명한다. 이 설명은 《대학》의 유명한 구절, '수신제가치국평천하修身齊家治國平天下'에서 유래한다. 세상의 평화를 실현하고 싶다면 먼저 심신을 수양하고, 이어서 가정을 바로잡고, 그러고 나서 나라를 올바르게 다스려야 한다. 이는 유학에서 기본 중의 기본이 되는 정치철학이다.

검약으로 심신을 수양하면, 검약은 곧 세상을 위한 것이자 자신을 발전시키는 방법이 된다. 단순히 검약을 절약의 의미로만 파악하면 자신에게 돌아오는 이득은 금전적 여유 정도에 그칠 것이다. 하지만 검약이 수신修身과 제가齊家로 이어진다고 파악하면 금전적 여유 정도의 이득에 그치지는 않을 것이다.

바이간은 도대체 검약에서 어느 정도의 의미를 간파하고 있을까? 조금 더 그의 생각을 따라가보자.

검약으로 인간관계도 좋아진다

• •

검약으로 경제적 여유가 생기는 효과는 충분히 예상할 수 있다. 그러나 바이간은 검약의 또 다른 효과를 기대했다. 《제가론》에는 검약으로 인간관계가 개선된다는 내용이 적혀 있다.

> 친했던 친척끼리 멀어지는 이유는 사치 때문이다. 집안 모임에 허세가 들고 요리가 호화스러워질수록 모임 횟수가 줄어들고 서로 소원해지고 만다. 이렇게 생각하면, 사치는 불인不仁(어질지 못함)의 근원이며 반드시 삼가야 할 행위다. 이제부터 평상시의 집안 모임에서 식사는 밥과 나물 정도로 끝내고, 복장은 일상복 무명옷을 입자. 그러면 자연스럽게 가벼운 마음으로 모임에 참여할 수 있고 친척끼리 더욱 친해질 것이다. 또한 친척은 물론 집안에 드나드는 모든 사람들

까지 꼼꼼히 살필 수 있다. 혹시 그중에서 경제적 문제를 안고 있는 사람이 있다면 그 이유를 알아내고 함께 힘을 합쳐 도와주어야 할 것이다.

-《제가론》

바이간이 '검약은 인간관계를 개선하는 데 도움이 된다'고 말한 이유가 꽤 흥미롭다. 그는 주장을 뒷받침하기 위해 친척 모임을 예로 들었다. 사치를 좋아하는 자는 모임을 열 때마다 호화로운 요리를 내놓으려고 하나 허세 가득한 요리를 만들려면 돈이 들기 때문에 모임 횟수를 줄이게 된다. 이래서는 친해져야 할 친척 사이에 서서히 거리가 생겨버리고 만다.

그러므로 모임을 열 때는 밥과 나물 정도의 값싼 요리를 내놓고, 모임에 갈 때도 값싼 무명옷을 입으라고 제안한다. 이렇게 경제적 부담이 덜어지면 검약을 철저히 실천해 모임 횟수도 늘고 친척끼리 한층 더 친한 사이가 될 것이라고 이야기한다.

또한 평소부터 검약에 힘쓰면 금전적 여유가 생겨난다. 집안에 드나드는 사람들 중 경제적으로 곤궁에 빠진 사람이 있다면 자신의 지갑에서 얼마간 융통해서 그들의 경제적 문제를 해결해줄 수 있을 것이다. 그렇게 주변 사람들을 행복하게 만들면 그들과의 인간관계가 더욱 좋아질 것이라는 논리다.

사치는 허세를 부리고 싶은 욕구에서 비롯된 행위다. 이는 자기 이익을 추구하고 욕심을 채우기 위한 행위다. 모임에서 호화로운 식사를 내놓는 이유는 자신의 과시적 소비를 주변 사람들에게 확인받음으로써 행복과 만족감을 얻으려는 의식이 작동하기 때문이다. 이어서 바이간은 다음과 같이 말했다.

> 직원에게 베풀어주고 싶을 때, 무명옷이라면 간편하게 새로 만들어줄 수 있다. 옷이 해지면 정기 지급복과 별도로 바로바로 바꿔주어라. 그러면 정기 지급복은 비상용으로 놔둘 수 있다. 또 들어온 지 반년 내지 1년밖에 지나지 않은 직원은 급여가 적은 탓에 옷 한 벌 맞추면 휴지 살 돈도 남지 않아서 가엾을 따름이다. 명절에 100푼 혹은 200푼 정도의 금전이나 신발을 지급해도 충분치 않다. 집안 사정에 따라 다르겠지만 모두 이와 비슷한 상황일 것이다. 따라서 성실히 일하는 직원에게는 가끔씩 따로 돈을 쥐어주어야 한다.
>
> -《제가론》

더부살이를 하는 직원들이 일하다가 옷이 망가지면 새 옷으로 바꿔주어야 한다. 평소에 무명옷을 입고 일한다면 새로운 옷을 지급해주는 데 별 부담을 느끼지 않을 것이다. 무명옷은 저렴하기 때문이다. 일반적으로 명절이 되면 옷이나 신발 같은 현물을 보너스처럼 지급해주는데, 그와 별도로 해진 옷을 바로 바로 바꿔주라고 바이간은 주장한다.

그리고 착실하게 업무에 임하는 직원에게는 가끔씩 돈을 쥐어주어야 한다고까지 이야기한다. '돈 쓰는 법'에 대해 말하고 있는 것이다. 이쯤 되면 바이간의 검약이 일반적으로 사용하는 검약의 뜻과는 조금 다르다는 사실을 알아차렸을 것이다.

돈을 잘 쓰는 것도 검약이다

• •

왜 '돈 쓰는 것'이 검약에 해당할까? 바이간은 기존에 세 개로 해결해야 할 것을 두 개로 해결함으로써 세상을 이롭게 만드는 것이 검약이라고 설명했다. 돈을 쓰면서 지인, 친척과의 사이도 좋아지고 직원과의 관계도 두터워지는 것이 사실이나 그런 설명이 적절하다고 해도 '돈 쓰는 것'을 검약이라는 단어로 이야기하는 이유는 단번에 이해하기 어렵다.

이를 고찰하기 위해 제자들이 기록한 바이간의 일상을 살펴보고자 한다.

> 품질 좋은 백미로 죽을 만들어 먹는 경우가 많았다. 하루에 한 번은 반드시 간단한 채소를 넣고 끓인 된장국으로 끼니를 대신했다. 그리고 품질이 나쁘지 않은 차를 마셨다. 때로

는 차를 우려내고 남은 찻잎을 나물로 만들어 먹었다. 쌀을 첫 번째와 두 번째로 씻어 나오는 쌀뜨물은 밖에 놓아둔 그릇에 담아 쥐에게 주었다. 솥에 남은 누룽지는 뜨거운 물을 부어 먹고, 그래도 남은 밥알은 잘 헹궈서 참새나 쥐의 먹이로 주었다. 국을 다 먹고 나서는 국그릇에 차를 붓고 헹구면서 마셨다. 채소 잎은 썩으면 버렸지만, 잘 말린 잎은 버리지 않고 사용했다. 가끔씩 잡어, 고래, 작은 새우 등의 해산물을 먹었다.

-《이시다 선생 사적石田先生事蹟》

실로 소박한 식생활이다. 하지만 그렇게만 느끼고 그냥 넘어가버리면 바이간의 본질을 이해할 수 없다. 한 끼의 식사량이 적어 보이는 것은 그가 젊었을 때 위장병을 앓았던 영향도 있겠지만, 그와 더불어 절약의 의미에서 검약을 실천했다고도 볼 수 있다. 자신에게 필요한 만큼의 식사만 최소한으로 먹었다는 뜻이다. 또한 마치 친환경 캠페인이라도 벌이는 듯이 음식을 소중히 여기고 가능한 한 남기지 않으려고 노력했다. 요리 과정에서 어쩔 수 없이 나오는 음식 찌꺼기도 거의 버리지 않았다는 점이 놀랍다. 인간이 먹을 수 없는 쌀뜨물 같은 것은 쥐에게 주고, 솥에 남은 밥알은 헹궈서 참새나 쥐의 먹이로 주었다.

이어서 식생활 외의 부분도 잠깐 살펴보겠다. 바이간이 말한 검약의 본질을 이해하기가 더 쉬울 것이다.

> 두레박의 낡은 밧줄은 말려서 불쏘시개로 사용하고, 그 재는 화로에 넣어서 사용했다. 이것이 불을 오래 활용하는 비결이었다. 다다미의 낡은 가장자리는 빗자루로 만들어 사용했다. 평소에 자신의 머리를 직접 손질했다. 머리끈을 씻어서 몇 번이고 사용했다.
>
> -《이시다 선생 사적石田先生事蹟》

두레박의 밧줄은 아무리 튼튼한 것도 내구성이 약해 쉽게 낡아버린다. 낡아서 못 쓰게 된 밧줄은 어떻게 처리해야 할까? 그냥 버리는 것이 일반적이나 바이간은 낡은 밧줄을 잘 말려 불을 피우는 연료로 사용했다. 낡은 다다미도 버리지 않고 빗자루로 재활용했다. 머리끈도 씻어가면서 여러 번 사용했다. 집요하다고 느껴질 정도로 철저한 재활용 생활을 해나갔다.

무작정 적게 쓰는 게 절약이 아니다

친척 모임에서 검소하게 식사하는 행위, 경제적으로 어려운 동료를 도와주는 행위, 일 잘하는 직원에게 보너스를 주는 행위, 음식을 남기지 않는 행위, 낡은 밧줄이나 낡은 다다미를 다른 용도로 활용하는 행위…. 서로 관련이 없어 보이는 이 행위들은 바이간이 실천한, 검약의 실제 사례다. 어떻게 이 사례들을 전부 검약이라는 말로 묶을 수 있을까?

바이간은 검약이라는 말에 단순한 절약보다 한층 더 깊은 의미를 부여했다. 바로 '만물의 법도에 따르는 것'이었다. 만물의 법도에 따른다는 말은 온갖 존재에 부여된 이치를 깨닫는 것이라고도 할 수 있다. 이러한 유학적인 표현으로 이해하기가 어렵다면, 다음과 같이 달리 표현해도 좋을 것이다. 그것은 곧 '각각의 존재가 각각의 본성을 올바르게 발휘할 수 있도록 하는 것'이다.

이를 고찰하는 데 가장 적절한 사례는 앞에서 소개한 낡은 밧줄과 낡은 다다미 이야기다. 새 밧줄은 두레박을 끌어올리는 데 유용하다. 새 밧줄의 본성은 이처럼 무거운 물건을 묶어도 끊어지지 않는 '튼튼함'에 있다. 두레박을 묶어 사용하는 것은 새 밧줄의 본성을 올바르게 발휘시키는 일이라고 할 수 있다.

낡은 밧줄은 새 밧줄에 있던 튼튼함이라는 본성을 잃어버렸다. 그러나 불을 피울 때 장작과 유사한 용도로 활용할 수 있을 것이다. 이것이 낡은 밧줄의 본성이다. 장작과 같은 능력을 지녔음에도 두레박 밧줄로 사용할 수 없다는 이유로 버려진다면 검약에 반하는 것이 된다.

낡은 다다미도 이와 동일한 논리로 생각할 수 있다. 노후화해서 다다미로서의 능력, 즉 다다미로서의 본성을 잃어버렸지만, 빗자루나 튼튼한 끈으로 사용할 수 있다는 새로운 본성을 얻었다. 이를 올바로 활용하는 것이야말로 세상을 이롭게 만드는 행동이라고 할 수 있다.

그런데 검약이 '존재의 본성을 올바르게 발휘시키는 것'이라고 한다면, '경제적으로 어려운 동료를 도와주는 행위'나 '일 잘하는 직원에게 보너스를 주는 행위'는 어떻게 검약이라고 할 수 있을까? 어쩔 수 없는 이유로 가정 형편이 어려워지면 정신적으로나 육체적으로나 피폐해지기 마련이다. 그러면 원래 할 수 있던 일도 못하게 되고 인간관계도 무너질지 모른다. 그런 사람에게 경제적인 도움을 주는 행위는 '원래 그 사람의 능력'을 세상으로 되돌려놓는 일이다. 그렇게 이해한다면 이런 행위 역시 엄연한 검약이다.

일 잘하는 직원에게 보너스를 주는 행위도 같은 맥락으로 이해할 수 있다. 직원에게 보너스를 쥐어주면 직원은 그 돈으로 새 옷을 구입할 수도 있고 고향의 부모님께 보낼 수도 있어서 정신적 여유가 생긴다. 또 업무적인 면에서 인정받았다는 확신을 가지게 되어 더 열심히 업무에 정진한다. 직원이 본성을 잘 발휘할 수 있게 되는 셈이다.

그리고 사물을 절약하는 행위 역시 '본성을 올바르게 발휘시키는 것'이라는 의미로 해석할 수 있다. 앞서 주장했듯이, 친척 모임에서 고가의 요리를 준비하는 행위와 호화로운 옷을 입고 모임에 참가하는 행위는 친척 사이를 멀어지게 만든다. 이는 고가의 요리와 호화로운 옷이 '본성을 올바르게 발휘하지 못한' 셈이라고 해석할 수 있다. 모임에서 요리를 적절하게 대접했다면 모임 참가자들은 모두 행복해졌을지도 모른다. 호화로운 옷 한 벌을 만드는 돈과 노력으로 평범한 옷 두 벌을 만들었다면 두 사람이 행복해졌을 것이다.

이처럼 진정한 검약은 무작정 비용을 줄인다고 실현할 수 있는 것이 아니다. 존재의 본성을 올바르게 이해하고 그에 가장 어울리는 장소와 용도를 고민해야 한다. 즉 검약을 올바르게 실천하려면, 사물과 인간의 본질이 가장 밝게 빛날 수 있는 방법이 무엇인지 항상 고민하면서 자신의 행위를 선택해나가야 한다.

사욕에 기반을 둔 검약은 소용없다

• •

바이간 사상의 근본은 마음을 본성으로 되돌리는 데 있기 때문에, 검약은 가장 중요한 도덕적 행위이자 신분과 상관없이 날마다 실천해야 하는 것이라고 할 수 있다. 어떤 일을 하든, 어떤 상황에 놓여 있든 인간이라면 반드시 가져야 할 덕목이다. 사회 구성원이 날마다 착실하게 검약을 실천하면서 정직하려고 노력할 때 어떤 효과를 기대할 수 있을까?

> 이처럼 정직으로 모든 일이 이루어진다면, 세상의 모든 사람들은 화합하고 형제가 될 것이다. 내가 바라는 것은 사람들을 그 경지에 이르도록 돕는 것이다. 특히 무사는 정치를 펼치고 백성을 이끄는 자이므로 깨끗하고 정직해야 한다. 무사가 사욕에 집중하면 목표 지점은 어둠에 휩싸여 보이

지 않게 된다. 또한 백성의 경우도 집안의 중심인 가장이 사욕에 눈이 멀어 있다면 집안은 늘 어둠에 휩싸이게 된다. 어떤 곳에서든 우두머리가 되는 사람은 항상 욕망을 절제해야 한다.

-《제가론》

바이간은 놀랍게도 정직의 지향점이 세상의 화합이라고 이야기한다. '모두 사이좋게 지내는 세상을 만드는 것'을 말한 것이다. 이렇게 가벼운 표현으로는 그 깊은 의미가 전달되지 않을지도 모른다. 그러나 인간이 공동체 없이 생존할 수 없고 공동체 구성원 간 사이가 악화될수록 평온한 일상을 유지할 수 없다는 사실을 안다면, 이 이야기의 중대성을 실감할 수 있을 것이다.

이쯤에서 '검약'의 대척점에 있는 단어가 서서히 떠오르게 된다. 그것은 바로 인용문에서도 등장한 '사욕'이다. 사욕이야말로 인간의 모든 것을 악화시키는 근원이라고 할 만하다. 그런데 상업을 깊이 이해하고 있던 바이간은 올바른 상행위의 결과로 재산을 모으는 것은 전혀 문제되지 않는다고 단언했다. 그렇다면 올바르게 재산을 모으는 행위는 사욕과 관련이 없다는 말이 된다. 바이간이 부단히 배척하고자 했던 사욕은 어떻게 파악해야 좋을까?

사욕이 나쁘다는 이야기를 시작하면, 물건을 구입하고 돈을 쓰는 행위 자체에 문제가 깃들어 있다고 오해하는 경향도 없지 않다. 이는 확실히 잘못된 생각이다. 바이간의 의견은 그와 정반대다. 에도 시대에 바이간과 같은 상인들을 괴롭힌 것은 물건을 사는 것은 본질적으로 아름답지 못한 행위고, 금전은 사욕의 화신이며 불순한 것이라는 편견이었다. 이러한 사고방식이 통속화한 불교의 교리 및 유학의 가르침과 융합해서 바이간이 살던 시대의 경직된 분위기를 형성했다. 오규 소라이 같은 그 시대의 대표적인 학자조차도 예외가 아니었음을 앞서 이미 설명한 바 있다.

오늘날 불교에서도 번뇌는 곧 욕망이고, 욕망은 곧 돈에 대한 욕심으로 이어진다고 여긴다. 그리고 지저분한 사욕에서 벗어나고 싶다면 속세를 떠나는 방법밖에 없다고 결론을 내곤 한다. 이러한 편견을 타파하기 위해 바이간은 매우 어렵고 힘든 사상적 작업을 수행했다.

무수히 많은 제품이 도시에서 거래되고 날마다 금전이 여기저기 넘나드는 장면을 두 눈으로 목격한 바이간은 그 안에서 살아가는 사람들의 상황을 조금이나마 개선하는 방법을 찾아 헤맸다. 바이간은 자신만 안전한 곳으로 물러나 세상을 내려다보는 오만한 태도를 결코 보이지 않았던 인물이다. 이러한 점을 충분히 이해한 후, 사욕에 대한 그의 비판을 살펴보겠다.

> 사욕만큼 세상에 해를 입히는 것은 없다. 이를 이해하지 못한 채 행하는 검약은 인색吝嗇으로 이어져 더 큰 해를 끼친다. 내가 말하는 것은 정직에서 시작하는 검약이므로 사람을 구할 수 있다. 공자孔子는 "사람은 정직하기 때문에 살아갈 수 있다. 정직을 왜곡해서 사는 자는 운 좋게 재앙을 피한 자에 불과하다"라고 말했다. 이에 따르면, 부정직하게 사는 사람은 살아 있어도 죽은 사람과 마찬가지다. 실로 소름 끼치는 일이다.
>
> –《제가론》

외부에서 바라보았을 때, 절약으로 여겨지는 행위에는 두 가지가 있다. 첫째가 지금껏 고찰해온 검약이고, 둘째가 인색이다. 인색이라는 말이 어렵다면 그냥 '구두쇠 짓'이라고 이해해도 상관없다. 검약은 세상을 위한 절약이지만, 인색은 자신을 위한 절약이다. 인색은 절약이기는 하지만 사욕에 기반을 둔다. 인색은 세상을 이롭게 하기는커녕 커다란 해를 끼친다. 예를 들어, 옷감에 염색 실수로 아주 작은 얼룩이 생겼다고 트집 잡아 염색 장인에게 지급할 대금을 깎는 것은 검약이 아닌 인색이다. 혹은 경제적으로 여유가 있는데도 불구하고, 열정적으로 일하는 직원에게 상여금을 줄 생각을 하지 않는 것도 인색에서 비롯된다. 두 사례 모두 사욕으로 벌어지는 일이다.

인간은 애초에 정직하지 않으면 살아갈 수 없다. 이는 공자와 바이간의 공통된 믿음이다. 사람의 마음은 본래 사욕 없이 정직했을 것이다. 거듭 말하지만, 인간은 공동체 안에서 다른 이들과 함께 살아가야만 하는 존재기 때문이다. 번거로운 세상이 싫다면서 공동체에서 벗어나려는 사람도 있다. '세상으로부터 은둔하는 삶'은 사욕의 발로라고 할 수 있다.

바이간은 이처럼 신랄하게 사욕을 비판했다. 세상에는 정직했던 마음을 완전히 덮어버리고 사욕을 전면에 내세워 살아가는 사람도 많다. 그러나 그들은 공자의 말마따나 '원래 당해야 할 재앙을 운 좋게 피한 사람들'일 뿐이다. 바이간은 그들을 가리켜 살아 있어도 죽은 사람과 마찬가지라고 했다. 인간 본래의 심성을 잃어버리고 아무에게도 공감받지 못하는 사욕을 통해 재산을 불리면서 공동체를 위험에 빠뜨리는 자들을 '죽은 사람'이라고 부른 것은 바이간의 철학으로 따지면 너무나도 당연한 처사다. 따라서 절약을 하려고 마음먹었다면, 그것이 사욕에 기반을 둔 것이 아닌지 항상 주의를 기울여야 한다.

검약 사상과 미의식의 관계

• •

지금까지 다양한 각도에서 바이간의 검약론을 살펴보았다. 일반적으로 통용되는 '검약'의 의미와 바이간이 이야기하는 '검약'의 의미가 크게 다르다는 사실을 아마도 충분히 이해했을 것이다. 여기에서는 이번 장의 앞부분에서 소개한 미국 총영사 해리스와 네덜란드 군인 카텐데이커의 말을 떠올려보겠다. 그들은 에도 시대 말기의 위정자가 다른 많은 나라들과 달리 금은보석으로 자신의 성을 꾸미지 않고 소박한 아름다움을 즐기고 있었다고 기록했다. 이러한 일본 특유의 미의식은 바이간의 검약에 관한 철학을 참조하면 쉽게 이해할 수 있다.

일본의 미의식은 '존재의 본성'을 발현시키는 것을 무엇보다 중시한다. 단순히 간소하고 소박하다는 이유만으로는 아름답다고 인정받을 수 없다. 그저 자연에 존재하는 것을 그대로 늘어놓았다고 해서 미술품이 되지는 않는다. 숙련된 장인이 탁월한 기교로 소재의 본성을 끄집어내야 한다. 이는 곧 자연을 뛰어넘는 자연스러움을 구현하는 것이다. 이것이 일본 미의식의 본질에 깃들어 있는 인식이며, 바이간의 검약 사상이 그대로 반영된 것이라고도 할 수 있다.

미술품뿐만이 아니다. 해리스가 놀라움을 표했던 쇼군의 소박한 복장 또한 사실 바이간의 검약 사상을 체현한 것과 같다. 그런 복장 취향은 막부의 위정자들에게 한정된 것이 아니라 일반 서민 사이에서도 공유되었다. 러시아 사절 푸탸틴Putjatin의 비서관이자 1835년에 일본을 방문한 소설가 곤차로프Goncharov의 《프리깃함 팔라다호Fregat Pallada》의 한 구절을 살펴보자. 그는 일본 민중의 복장을 보고 이 같은 감상을 남겼다.

> 더더욱 내 마음에 들었던 것은 하오리羽織(기모노 위에 입는 상의—역자), 하카마袴(기모노 위에 입는 하의—역자), 가타기누肩衣(어깨와 몸통만 있고 소매가 없는 상의—역자) 등의 겉옷이 이토록이나 많은데도, 그중 어느 하나 화려하고 강렬한 색이 없다는 점이었다. 빨강이나 노랑, 초록 같은 원색이 없고 모두 혼합색이며, 2색 또는 3색이 섞인 우아하고 부드러운 색조다.
>
> -《프리깃함 팔라다호Fregat Pallada》

자연에는 원색이 거의 없다. 식물과 동물, 하늘과 바다와 산 전부 혼합색이다. 에도 시대 말기의 일본 사람들은 신분을 막론하고 이러한 혼합색의 복장을 즐겨 입었다. 그중에서도 가장 많은 색이 파랑 계열이었다고 곤차로프는 증언한다. 석문심학이 미의식 형성에 얼마나 기여했는지 정확히는 알 수 없다. 그러나 바이간의 검약론과 일본의 미의식 사이에 놀라울 만큼 공통점이 많다는 것은 부정할 수 없는 사실이다.

바이간은 사욕을 비판하고 정직에 기반한 검약을 중요한 도덕적 행위라고 칭송했다. 그렇다면 현재 자주 논쟁이 벌어지는 '소비'는 어떨까? 바이간은 사욕에 기반한 소비는 긍정하지 않았다. 또한 많은 사람들로부터 공감받지 못하는 규칙지상주의에 기반해 재산을 불리는 행위도 강하게 부정했다.

소비를 억제하면 국가 경제 상황이 결코 나아지지 않을 것처럼 여겨진다. 그러나 지금처럼 자기 이익만을 좇으며 무분별한 소비를 지속한다면 인간이 생존할 수 있는 환경이 파괴될지도 모른다. 규칙지상주의를 내세우며 소비에 혈안이 된 사람들은 공동체를 망가뜨리고 결국 자연을 파괴할 것이다.

그러므로 지금처럼 무분별하게 소비를 부추기는 것은 매우 위험한 행위라는 것을 인식해야 한다. 미의식도 존재의 본성을 숭상하는 마음이 그 중심에 자리 잡고 있다. 이러한 점을 다시 한 번 철학적으로 검토하고 반성해볼 필요가 있다.

제5장

일과 인생의 의미

학문과 종교는 마음을 닦는 도구다

이시다 바이간은 종교를 어떻게 생각했을까? 바이간은 45세에 집 안의 방을 교실로 삼아 무료 강의를 시작했다. 그 이후 남들로부터 "직업이 무엇이냐"라는 질문을 받으면 자신을 유학자라고 칭했다. 바이간은 유학을 가장 중요하다고 생각했을까?

사실은 그렇지 않았다. 당시 사회에서는 마을에서 강의하는 사람을 무조건 유학자라고 단정했다. 막부에서도 유학 가운데 주자학을 관학官學과 비슷하게 취급하고 있었기에 당시에는 학문이라고 하면 일단 유학을 가리켰다. 그런 사정이 바이간으로 하여금 스스로를 유학자라고 부르게 한 가장 큰 요인이지만, 그 외에 또 다른 요인이 하나 더 있다.

바이간의 사상에서 사용되는 많은 용어가 유학에서 유래했기 때문이다. 예를 들어, 천天, 이理, 성性은 모두 유학에서 빈번하게 사용되는 용어다. 그러나 이러한 사실도 바이간이 유학을 가장 중요하게 생각했다는 근거가 되지는 않는다.

앞서 거듭 설명했듯이, 바이간 학문의 가장 중요한 목표는 현실의 마음을 성性(본성)으로 되돌리는 것이다. 바이간도 40세가 넘어 포목점에서 퇴직한 이후 스스로 '성을 깨닫는 체험'을 했다고 전해진다. 이 체험을 통해 스스로의 학문에 자신감을 가진 것이 강의를 시작한 계기였다.

그렇다면 성을 깨닫기 위한 수양 종교가 관련되지 않았을까? 《도비문답》의 한 구절을 살펴보자. 유학을 통해 자기 수양을 하고자 했던 질문자가 불교를 배우는 것이 어떤 해가 되는지 묻자, 바이간이 대답하는 부분이다.

> 자신의 마음을 얻고자 한다면 유학이든 불교든 상관없다. 거울을 닦는 기술자에게 거울을 닦도록 시켰을 때 그가 능숙하게 잘해낸다면, 그에게 어떤 도구를 사용해 거울을 닦는지 물어보겠는가? 유학과 불교를 대하는 방식도 이와 마찬가지다. 유학이나 불교나 자신의 마음을 닦는 도구에 불과하다. 다 닦고 나서 무슨 도구로 닦았는지에 집착하는 것은 이상한 짓이다. 유학을 배워 얻는 게 없다면 하등 쓸모없다. 불교를 배워 자신의 마음을 올바로 얻지 못한다면 좋을 게 없다. 마음은 두 종류가 아니다. 불교를 배운다고 해서

> 마음이 다른 무언가로 변화한다고 생각하는 것은 가소로운 발상이다.
>
> -《도비문답》

인용문에서 '자신의 마음을 얻는다'는 것은 문맥상 '성을 깨닫는다'는 뜻이다. 달리 말하면 '자신의 본성을 자각한다'는 의미다. 만약 그런 흡족한 결과에 이를 수만 있다면 유학이든 불교든 상관없다고 바이간은 주장한다. 바이간은 자기 수양을 하는 데 이용하는 학문을 거울 닦는 데 이용하는 도구에 빗댔다. 거울 닦는 기술자의 솜씨가 훌륭하고 결과적으로 거울이 깨끗하게 잘 닦였다면, 그가 사용한 도구가 무엇이었는지에 연연할 필요가 전혀 없을 것이다.

바이간은 유학과 불교가 거울 닦는 도구와 마찬가지라고 단언했다. '학문은 마음을 닦는 도구'라고 표현해도 좋을 것이다. 만약 유학을 착실히 공부해도 만족스러운 결과를 얻지 못하면 의미가 없다. 반대로 불교를 배워 성을 깨닫는다면 그 또한 아무런 문제가 되지 않는다. 마음은 한 종류다. 자연 그대로의 상태인 성도 한 종류밖에 없다. 그러므로 불교에 준해 자기 수양을 하면 마음이 다른 종류의 무언가로 변화한다는 생각은 말이 되지 않는다.

바이간은 학문과 종교를 모두 '도구'로 파악했다. 수강생의 덕을 향상시키기 위해 유학이든 불교든 신도든 노장사상이든 구분 없이 활용했다. 바이간은 어느 것이 가장 뛰어난 종교이고 학문인지에 관한 논의에는 전혀 관심이 없었다. 바이간은 종교에 대해 매우 이성적인 태도를 보였다. 불교나 유학이나 마음을 닦는 도구가 될 만한 것은 구별 없이 활용했다. 그것들은 어디까지나 흐릿해진 마음을 닦고 본성에 이르도록 돕는다는 목적을 지닌 도구일 뿐이었다.

그러므로 불교와 유학이 제공하는 가르침은 절대 불가침의 신성한 것이 아니었다. 바이간에게 '일상적인 일'은 진정한 행복을 가져다주는 것이었다. 인간관계의 개선과 공동체의 유지라는, 한 개인의 깨달음보다 훨씬 까다로운 목표를 내세웠던 바이간은 어떤 종교에도 특권을 부여하지 않았다.

종교 활용법

바이간은 어느 한 종교를 특별 취급한 적은 없지만, 종교를 용도에 따라 나누어 활용한 적은 많다. 정치적 주제를 고찰할 때는 주로 유학을 활용했다. 쇼군이 많은 우수한 유학자를 등용한 것에도 이유가 있다. 인생 문제나 개인적인 고민을 해결할 때는 불교의 가르침을 주로 활용했다. 불교의 설법은 사회 문제를 해결하기보다는 개인의 일상적인 고뇌를 줄이는 데 더 도움이 된다.

> 유학과 불교의 이치는 비슷해서 구별하기 어렵다. 그러나 실천하는 단계에서는 하늘과 땅 차이가 난다. 승려는 불교의 오계五戒를 지키고, 속인은 유학의 오륜五倫에 따라 살아간다. 여기에는 전혀 혼동할 것이 없다. 그런데 속인이 승려 흉

내를 내려고 하면 번거로운 일이 많아진다.

-《도비문답》

바이간은 유학과 불교의 교리가 닮았다는 점을 인정하면서도 속세 사람들이 승려 흉내를 내면 커다란 문제가 발생한다고 설명한다. 승려에게는 지켜야 할 오계, '살생하지 마라', '도둑질하지 마라', '음행하지 마라', '거짓말하지 마라', '술 마시지 마라'가 있다. 한편 속세 사람들은 오륜, 즉 '부자유친', '군신유의', '부부유별', '장유유서', '붕우유신'에 따라 살아야 한다고 말했다. 승려는 속세의 윤리로부터 동떨어져 살지만, 속세 사람들은 현실 사회 안에서 삶을 영위할 수밖에 없기 때문이다.

당시의 사회 체제와 지배적인 도덕이 유학에 기반을 두었다는 점을 이해하면, 이는 결코 신기한 일이 아니다. 앞서 언급했듯이, 사회적이거나 정치적인 주제를 고찰할 때 유학을 자주 활용한 이유도 막번체제幕藩體制(막부의 쇼군과 번의 다이묘 간 봉건적 주종 관계를 토대로 성립하는, 일본 에도 시대의 통치 체제—역자)의 원리에 유학이 스며들어 있기 때문이다.

바이간은 또 "속인이 승려 흉내를 내려다 보면 번거로운 일이 많아진다"라고 말했다. 이에 관해 바이간은 다음과 같이 쉽게 풀어 설명했다.

> 불교의 승려는 죄 있는 자를 사형에 처할 수 없다. 죄 있는 자라 할지라도 제자로 삼고 지배자로부터 신병을 인도받아 목숨을 구해주려는 것이 승려의 본성이다. 그러나 승려가 자애심만 가득할 뿐 성인聖人의 법도를 모른 채 정치를 하게 되면, 오히려 세상을 혼란스럽게 만들 것이다.
>
> -《도비문답》

위정자가 승려라면 사형이라는 형벌을 긍정할 수 없다. 승려는 위정자로부터 죄인을 넘겨받아 제자로 삼으려는 정신을 가진 사람이기 때문이다. 이는 불교의 교리 때문에 이루어지는 행동이라고도 볼 수 있다. 이처럼 불교의 교리에 따라 움직이는 위정자가 있다면 나라의 정치는 어떻게 될까? 죄인이 처벌받지 않고 치안이 악화되어 평온한 날이 없을 것이다. 정치에 관여하는 자라면 공적인 업무에는 유학의 도덕을 따르는 것이 옳다고 말하는 이유가 바로 여기에 있다.

이는 종교와 학문의 서열화와는 전혀 다른 이야기다. 그보다는 종교와 학문을 적재적소에 배치하는 행위라고 생각해야 한다. 모든 종교와 학문은 동등한 가치를 지니지만, 종교마다 적용하기 적합한 영역과 그렇지 않은 영역이 존재한다. 이는 특별히 우리의 상식에서 크게 벗어나는 생각이 아니지만, 바이간의 사상을 올바로 이해하기 위해 잊어서는 안 되는 부분이다.

내가 하는 일의 의미를 안다는 것

바이간은 강의 시간에 다양한 서적들의 내용을 이야기해주었다. 유학, 불교, 신도神道, 노장사상, 그 외 여러 고전을 강독하고 독자적인 해석을 들려주었다. 그의 강의에 모여들었던 사람들은 주로 상인이었다. 수강생의 대부분은 아침부터 저녁까지 평범하게 일하다가 피곤한 몸을 이끌고 야간 강의에 출석했다. 어지간한 이유가 없다면 할 수 없는 행동일 것이다. 여러 고전의 내용을 알고 교양을 쌓는 것도 본성에 가까워지기 위해서는 필요한 수양이었다.

그러나 바이간은 단순히 지식을 쌓는 것 자체의 가치는 인정하지 않았다. 당시의 유학자들은 많은 지식을 알고 있다는 것에 자부심을 가졌다. 하지만 바이간은 지식만 있을 뿐 본질적인 사고력이 결여된 많은 학자들을 가리켜 도발적으로 '인간 서재'일 뿐이라며 강력히 비판했다.

강의에 모여든 사람들은 바이간에게 무엇을 바라고 있었을까? 물론 지식을 얻고 싶은 마음도 있었을 것이다. 그러나 그들이 가장 원했던 것은 자신이 종사하는 '일의 의미'를 이해하기 위한 지혜였을 것이다. 날마다 녹초가 될 때까지 일하는 것에 도대체 어떤 의미가 있을까? 그 의미를 이해하고 싶었던 것이다. 그리고 자신이 왜 상인으로서 혹은 장인으로서, 농민으로서, 그리고 무사로서 살아가야 하는지 알고 싶었을 것이다.

바이간의 가르침 중에서 가장 강렬하고 신비한 것이 '형形에 의한 마음'이다. 많은 수강생이 알고 싶어 했던 부분도 이 개념과 관련이 있다. 석문심학이 이내 일본 전국으로 보급될 수 있었던 것도 '형에 의한 마음'이라는 개념 덕분이었다. 형에 의한 마음은 글만 읽고서 금방 납득할 수 있는 종류의 개념이 아니다. 그 정확한 내용에 다가가기 위해 《도비문답》에 쓰인 바이간의 설명을 몇 가지 살펴보겠다.

> 인간의 본래 마음은 누구나 같지만, 칠정七情에 은폐되어 있어 성인聖人의 지혜가 자신의 마음과 다르다고 생각하고, 잘 이해할 수 없어 여러 가지 의심이 생겨난다. 무릇 형形이 있는 자는 형이 곧 마음임을 알아야 한다.
>
> -《도비문답》

성인의 마음이든, 이름 없는 서민의 마음이든 본래 마음이라는 것은 같다. 여기에서 본래 마음이란 다름 아닌 성性을 가리킨다. 역사에 이름을 남긴 위인의 성과 이름 없는 서민의 성은 하늘의 이치가 깃들어 있다는 점에서 전혀 다르지 않다. 이를 쉽게 납득할 수 없는 이유는 우리 현실의 마음이 칠정, 기쁨喜, 노여움怒, 슬픔哀, 즐거움樂, 사랑愛, 미움惡, 욕심欲에 덮여 있기 때문이다. 칠정으로 흐려진 마음을 깨끗이 닦는 행위가 바로 수양이다.

바이간은 이때 유의해야 할 것이 형에 의한 마음이라고 말한다. 형에 의한 마음이란 말 그대로 '형이 있는 자에게는 형이 곧 마음이다'라는 개념이다. 이렇게만 설명하면 이해하기 어려우므로, 바이간이 제시한 구체적인 예를 살펴보면서 이해해보기로 하자.

> 장구벌레는 물속에서는 사람을 물지 않고, 성장해서 모기가 되면 사람을 문다. 이것을 '형에 의한 마음'이라고 한다.
>
> -《도비문답》

장구벌레는 모기의 애벌레이며 물속에 서식한다. 모기는 사람의 피를 빨아먹지만, 장구벌레는 모기와 같은 종이면서도 사람을 물지 않는다. 그런데 그런 장구벌레도 성충이 되면 사람

바이간이 강의에서 사용한 서적

	서명	성립 시기	분야
1	사서四書	-	유학
2	효경孝經	전국시대(기원전 403~221)	유학
3	소학小學	1187년	유학(주자학)
4	역경易經	주나라 시절(기원전 1046~256)	유학
5	시경時經	미상	유학
6	태극도설太極圖說	미상. 주돈이周敦頤(1017~1073)가 저술	유학(주자학)
7	근사록近思錄	1176년	유학(주자학)
8	성리자의性理字義	미상. 진순(陳淳의 저작)	유학(주자학)
9	노자老子	전국 시대 초기~중기	노장사상
10	장자莊子	전국 시대(기원전 403~221)	노장사상
11	화론어和論語	1669년	불교, 신도
12	도연초徒然草	1330~1331년	불교

《이시다 선생 사적》을 토대로 작성.

의 피를 빨기 시작한다. 바이간은 장구벌레가 피를 빨지 않는 이유는 '장구벌레라는 형에 의해 장구벌레의 마음이 정해지기 때문'이며 모기가 피를 빠는 이유도 '모기라는 형에 의해 모기의 마음이 정해지기 때문'이라고 설명한다. 형이라는 것은 일반적으로 눈에 보이는 외형을 뜻한다. 이 외형이 장구벌레와 모기의 마음을 결정한다는 말이 도대체 무슨 뜻일까?

도덕을 실천하는 자가 성인이다

• •

아무래도 이해하기 어려운 '형에 의한 마음'을 이해해보기 위해, 계속해서 바이간의 말을 좇아가보겠다.

> 개구리는 자연스럽게 뱀을 두려워한다. 이는 어미 개구리가 새끼 개구리에게 "뱀은 너를 잡아먹는 무서운 놈이야"라고 대대손손 가르쳐왔기 때문이 아닐 것이다. 개구리라는 형으로 태어났기 때문에 자연스럽게 뱀을 두려워하게 되는 것이다. 개구리라는 형은 곧 뱀을 두려워하는 마음이다.
>
> 또 다른 예를 들겠다. 벼룩은 여름이 되면 일제히 사람의 몸에 들러붙는다. 이 역시 어미 벼룩이 새끼 벼룩에게 "사람의 피를 빨아먹으면서 살거라. 사람의 손바닥이 가까워지면 얼른 튀어서 도망가거라. 안 그러면 목숨을 잃게 된단다"라고

가르쳤기 때문이 아니다. 벼룩이 튀어서 도망가는 이유는 학습의 성과가 아니라, 형에 의해 이루어진 마음 때문이다.

-《도비문답》

앞서 나온 모기의 예보다 훨씬 이해하기 쉽다. 개구리가 뱀을 두려워하는 이유는 무엇일까? 바로 뱀이 개구리의 포식자기 때문이다. 그러나 정작 개구리는 실제로 잡아먹혀본 적이 없고, 동료가 잡아먹히는 장면을 본 적도 없을 가능성이 크다. 그런데도 뱀을 두려워하는 이유는 '개구리라는 형'에 의해 '개구리의 마음'이 정해지기 때문이다. 또 개구리는 어미 개구리로부터 "너를 잡아먹으려는 뱀이 눈에 띄면 얼른 도망가거라"를 듣고 배운 적이 없다. 개구리가 뱀을 보고 도망가는 행위는 철저히 형에 의해 일어나는 일이다.

벼룩도 마찬가지다. 벼룩은 사람의 몸에 들러붙어 피를 빠는 벌레기 때문에, 사람은 벼룩을 보는 족족 손바닥으로 쳐서 죽이려고 한다. 그러나 벼룩은 아주 가볍게 튀어 달아나기 때문에 좀처럼 죽이기가 어렵다. 이것도 어미 벼룩이 새끼 벼룩에게 "사람의 손바닥이 보이면 얼른 튀어서 도망가거라" 가르쳤기 때문이 아니다. '벼룩이라는 형'이 '벼룩의 마음'을 규정한 것이고, 벼룩은 그 마음의 지시대로 행동할 뿐이다.

현대인 중에는 형에 의한 마음을 단순히 '본능'과 비슷한 것으로 받아들이는 사람이 많을 것이다. 그러나 바이간은 본능에 관해 이해하고 있었다 하더라도, 형에 의한 마음이라는 개념을 철회하지 않았을 것이다. 오히려 본능까지도 통째로 형이라는 개념 안에 넣어버렸을지 모른다.

인간 외의 동물은 '타고난 성'과 '현실의 마음'이 일치하기 때문에 주저 없이 형에 따라 행동할 수 있다. 이는 바이간이 궁극적으로 전하고 싶은 내용이었다. 동물은 후천적인 사욕을 품지 않는 데다 인간처럼 칠정도 없기 때문에, 마음이 흐려져 있지 않다.

> 《맹자孟子》에는 '인간의 형은 하늘로부터 주어진 것이다. 성인聖人만이 형을 실천할 수 있다'가 쓰여 있다. 형을 실천하는 것은 오륜의 도를 명확히 행하는 일이다. 형을 실천하지 못하는 자는 소인小人이다. 짐승은 사심이 없어서 오히려 형을 실천할 수 있다. 이는 자연의 섭리다. 성인은 이를 익히 알고 있다.
>
> -《도비문답》

바이간은 《맹자》의 말을 인용하면서 성인만이 형을 실천할 수 있다고 말했다. 형의 실천은 곧 '오륜의 도를 적절히 행하는 것'이다. 오륜이란 유학에서 이야기하는 다섯 가지 기본 덕목을 가리킨다. 바이간이 살던 시대에는 사람들 사이의 화합을 깨뜨리지 않기 위해 중시한 생활 도덕이 오륜이었다.

성인과 달리 특별히 뛰어난 능력이 없는 소인은 형을 실천할 수 없다. 이는 앞서 지적한 대로, 그들의 현실적인 마음이 사욕과 칠정으로 혼탁해져 있기 때문이다. 그런데 성인이 형을 실천했을 때, 그 행동이 오륜의 도를 벗어나지 않는 이유는 무엇일까?

성인은 지혜를 깨닫고 있으므로 자신의 형에 따른 실천을 쉽게 할 수 있다. 그 실천이 유학의 오륜과 일치하는 이유는 바이간이 살던 세상에서 오륜이 의심의 여지없이 올바른 덕목이기 때문이다. 성은 인간의 본성이며, 인간은 사회적인 동물이다. 그렇다면 성을 깨달은 성인이 시대에 적합한 도덕을 준수하는 것은 결코 이상한 일이 아니다.

일에 열중하게 만드는 힘

• •

그렇다면 일반 서민이 형을 실천하려면 어떻게 해야 할까? 이는 실로 간단한 문제다. 이미 형을 실천하고 있는 성인에게서 배우면 되는 것이다.

> 하늘은 만물을 만들어 사람들에게 내려주고, 성인을 통해 사람들에게 마음을 알려준다. 성인은 하늘처럼 만물을 만들어낼 수 없지만, 하늘의 힘이 미치지 않는 부분을 가르쳐주어 세상을 구원한다. 성인이 없다면 하늘의 덕은 보이지 않고, 하늘의 덕이 없다면 성인의 공덕도 없을 것이다.
>
> -《도비문답》

하늘의 이치가 가져다준 덕은 평범한 인간이 혼자 힘으로 알아내기 어렵다. 그러나 성을 깨달은 성인은 그것을 터득해 실천할 수 있으므로, 누구나 성인의 가르침을 받으면 하늘의 덕을 알 수 있다. 다만 하늘의 덕은 하늘이 만들어낸 것이고, 성인은 그것을 실천할 뿐이라는 사실을 기억해야 한다.

이 '형에 의한 마음'이라는 개념은 최종적으로 놀라운 경지에 이르게 된다. 오류을 실천하는 것이 이치에 맞는다고 여기면 그런 덕목을 긍정하는 사회 또한 이치에 맞는다고 판단할 수 있다. 그렇다면 그 사회에 자신이 놓여 있는 장소나 상황에도 분명히 이유가 존재한다고 믿을 수밖에 없다.

그런 논리에 의해, 인간의 형이라는 것은 곧 자신의 직분이라고 할 수 있다. 직분이라는 것은 '어떤 직업에 종사하는 자가 마땅히 해야 하는 일'을 가리킨다. 직접적인 표현으로 바꾸면 '형이란 곧 일이다'라고 할 수 있다. 이러한 까닭으로 사람들은 주어진 업무에서 필연성을 발견하면 더 열정적으로 일하게 된다. 일에 열중하는 것은 곧 형을 실천하는 것이기 때문이다.

그러나 바이간이 살았던 시대에는 사농공상의 구별이 존재했고, 계급에 따라 해야 할 일이 고정되어 있었다. 바이간은 신분제도 자체만큼은 인정했는데, 도대체 그 이유가 무엇일까?

> 하늘의 도리는 만물을 만들어내고, 그 만물은 또 다른 것들을 키워낸다. 피조물이 다른 피조물을 잡아먹으면서 자라

> 는 셈이다. 하늘이 부여한 이理는 만물이 동등하지만, 형形에는 귀천이 있다. 귀한 존재가 천한 존재를 잡아먹는 것은 하늘의 도리다. 불교에서는 초목국토실개성불草木國土悉皆成佛이라고 하면서 만물이 모두 부처라고 설명한다. 하지만 형에는 분명히 귀천이 있다.
>
> -《도비문답》

하늘에 의해 탄생한 각각의 존재는 모두 동일한 이치를 품고 있다. 하지만 바이간은 "형에는 귀천이 있다"고 말했다. 그러므로 귀한 존재가 천한 존재를 잡아먹는 일은 이치에 어긋나지 않는다고 언급했다. 꽤 충격적인 표현이다.

사실 이 인용문은 바이간이 한 승려로부터 "동물을 먹는 것이 옳은가, 그른가?"라는 질문을 받고 대답한 내용이다. 그러므로 '잡아먹는다'는 표현이 이상하지 않다. 그런데 바이간은 형의 귀천을 인정하고, 귀한 존재가 천한 존재를 다스리는 것을 의심의 여지없이 긍정하고 있다. 어쩔 수 없는 시대적 한계가 엿보이는 부분이다.

신분제를 받아들이고 신분에 따라 정해진 일을 성실히 해낸다면, 그것이 곧 형의 실천이며 이치를 이해하는 수단이다. 성을 깨닫는 데도 도움을 준다. 그러한 바이간의 가르침을 들은 사람들은 자신의 일에서 필연성과 깊은 의미를 발견했다.

자신이 처한 상황을 직시하라

• •

바이간의 '형에 의한 마음'은 오랫동안 〈일에 열중하게 만드는 힘〉에서 설명한대로 이해되어 왔다. 즉 형은 직분이고, 직분은 신분과 뗄 수 없는 관계라는 점을 생각하면, 결과적으로 심학은 막번 체제를 예찬하고 체제 유지에 찬성하는 사상이라고도 할 수 있다. 이것이 바이간 연구에서 장애물로 작용해왔다. 그러나 어쩌면 우리는 당시의 신분제를 오해하고 있는지도 모른다. 당시 신분의 상하관계는 확실히 존재했지만, 적어도 농공상農工商 사이의 이동은 그다지 어렵지 않았다. 실제로 바이간은 농민으로 태어났지만 커서 상인이 되었다. 또 그의 생가는 무사 가문이었던 이시다 가문의 분가分家였다.

또한 바이간의 형形을 이해하는 데 있어 가장 중요한 정황은 바이간 본인이 인생을 살아가는 도중에 갑자기 상업에서 손을

떼고서도 전혀 반성의 기미를 보이지 않았다는 것이다. 부모의 뜻에 따라 포목점에 고용살이로 들어간 것과 달리, 상업을 그만둔 것은 바이간 본인이 스스로 선택한 행동이었기에 상당히 중요한 의미를 지닌다.

바이간이 '형에 의한 마음'을 설명할 때 이야기한 장구벌레와 모기의 예시를 떠올려보기 바란다. 장구벌레와 모기는 같은 종의 애벌레와 성충이지만 각각의 형에 의해 마음이 달라지고 행동도 달라졌다. 굳이 장구벌레와 모기를 예시로 활용한 이유는 형이 평생에 걸쳐 고정되어 있는 것이 아니라는 점을 암시하고 싶었기 때문이 아닐까? 이와 같은 이유로 바이간의 사상에서 말하는 형은 조금 더 유연하게 해석하는 편이 적절하다고 본다. 따라서 형은 '자신이 처한 상황'을 가리킨다는 해석이 맞을 것이다.

바이간은 당시의 상식에 맹종하는 인물이 아니었다. 그것은 바이간이 상업을 천하게 여긴 당시의 사회를 거침없이 비판했다는 사실로도 충분히 수긍할 수 있다. 형을 직분과 뗄 수 없는 관계인 신분으로 파악해서 신분제를 완전히 긍정하고 싶었다면, 굳이 상업의 중요성을 주장할 필요도 없었을 것이다.

형을 '자신이 처한 상황'이라고 생각해야 하는 이유가 한 가지 더 있다. 바이간은 포목점에서 고용살이를 시작했을 무렵 신도에 흥미를 가졌고, 그 교리를 세상에 널리 퍼뜨리고 싶다고 희망했다. 하지만 포목점 직원으로서 맡은 일도 소홀히 여기지 않고 최선을 다해 임했다. 신도에 대한 관심은 훗날 학문을 공부하고 강의하는 일에 대한 꿈으로 이어졌다. 바이간이 형을 곧 직분이라고만 생각했다면 문제가 생겼을 것이다. 상인이라는 형을 지니고 있으면서도 학자가 되고 싶은 강한 희망을 내심 품고 있는 경우, 그 형에 내재하는 이치를 이해하기가 영원히 불가능해지기 때문이다.

그러나 바이간은 그 시기에 형의 실천이 불충분했다는 비판을 전혀 하지 않았다. '자신이 처한 상황'에서 최선을 다했다고 생각했기 때문일 것이다. 그렇다. 바이간은 인생의 어느 단계에서든지 할 수 있는 일이라면 무엇이든 시도했다. 굳이 자신의 처지에 집착하거나 얽매이지는 않았다. 이는 형이라는 개념을 고찰하는 이에게 커다란 힌트가 될 것이라고 생각한다.

바이간이 당시의 사회 체제와 상식을 비판한 이유는 상업을 천하게 여기는 사회 분위기 때문이었다는 것 말고도 몇 가지가 더 있었다. 그는 여성의 처지에 관해서도 큰 불만을 지니고 있었다. 그런 심정은 강의실 앞에 붙여놓았던 안내문에서도 잘 드러난다. 그는《제가론》에 다음과 같이 기록했다.

> 그래서《효경》,《소학》등을 설명하고 그 의미를 알려서 사람의 마음을 움직이고 싶다. 윗사람을 공경하고, 아랫사람

을 아끼고, 일을 성실히 할 수 있도록 가르치고 싶다. 그것이 나의 뜻이다. 누구에게나 열린 강의이므로 남녀 상관없이 학문에 문외한인 사람도 괜찮으니 들으러 오라고 적은 안내문을 붙였다. 어느 학자가 이 안내문을 보고 "여자가 유학 서적을 이해할 수 있겠는가? 기묘한 안내문이로구나" 흉보았다고 한다. 나는 한 수강생으로부터 그 이야기를 전해 듣고 "그 학자는 무라사키 시키부紫式部, 세이 쇼나곤清少納言, 아카조메 에몬赤染衛門(이상 세 명은 모두 헤이안 시대의 여류 작가다—역자)을 남자라고 생각하는 모양이군"이라고 대답했다. 그 수강생은 내 반론에 찬동하며 웃음을 터뜨렸다.

-《제가론》

당시 '학문은 남성의 전유물'이라고 믿는 이들이 많았다. 그래서 여성에게도 강의하는 바이간에게 수많은 비판이 쏟아졌다. 바이간은 그런 비판에 대해 통쾌하게 반론했지만, 비판은 끊이지 않았다. 이 같은 이야기를 살펴보더라도, 바이간은 묵묵히 체제에 순응하는 인물이 아니었음을 잘 알 수 있다.

내가 처한 상황에서의 노력

바이간이 생각하는 '형의 실천'을 '자신이 처한 상황에서 최선을 다하는 것'이라고 파악하면, 그의 학문 전반을 이해하기가 매우 쉬워진다. 지금까지 여러 번 논했듯이, 바이간이 추구한 것은 성을 깨닫는 상태로 자신을 이끄는 것이며, 학문은 이를 실현하는 도구로 여기는 것이다. 또한 '형'이 '자신이 처한 상황'이라면 어떤 처지에 놓인 인간이든 형의 실천이 가능해지고, 그 실천은 성을 깨닫기 위한 수양의 일환이 된다.

성은 모든 인간에게 공통된 것이므로 성을 깨닫는 상태에 이르면, 그것은 공자나 맹자 같은 성인의 마음과 같아지는 것이다. 이때 하늘의 이치는 성에 내포되며 그 이치의 명령에 따르는 것이 곧 도덕적 실천이 된다. 바이간의 저서를 아무리 샅샅이 살펴봐도 내세에 관한 이야기는 전혀 찾아볼 수 없다. 수양은 어디까지나 현세에서 진정한 행복을 추구하는 수단인 것이었다.

바이간의 심학은 일상의 사소한 상황마저도 수양의 무대로 바꾸어놓는다. 예를 들어, 무명천 한 필을 구입하고 두 사람분으로 나누기 위해 반으로 잘랐는데, 질 좋은 부분과 그렇지 못한 부분으로 나뉘었다고 하자. 이때 자신이 어느 쪽을 가져가는 것이 맞을까? 그리고 그 판단의 근거는 무엇이어야 할까? 이에 관해 바이간은 다음과 같이 확신을 가지고 이야기한다.

> 공자도 "자신이 원하지 않는 일을 다른 사람에게 시키지 말라"고 했다. 자신이 하기 싫은 일은 남들도 하기 싫은 법이다. 내가 무명천을 나눈다면 당신에게 좋은 부분을 줄 것이다. 당신이 무명천을 나눈다면 내가 좋은 부분을 받을 것이다. 하지만 당신이 좋은 부분을 가지고 나에게 나쁜 부분을 건네주더라도, 당신이 무명천을 자르는 수고를 했으므로 이해한다. 이렇게 생각하면 언제나 일이 원만하게 진행될 것이다. 당신에게 좋은 부분을 건네준다면 당신은 기뻐할 것이고, 나는 어진 마음을 키울 수 있을 것이다. 이 어찌 좋은 일이 아니겠는가?
>
> -《도비문답》

바이간은《논어》의 가르침에 따라 상대방의 기분을 먼저 생각하고 내가 가질 무명천을 정하는 것이 중요하다고 말한다. 만약 내가 무명천을 잘랐다면 좋은 부분을 상대방에게 주고, 나쁜 부분을 내가 가진다. 만약 상대방이 무명천을 잘랐는데도 나쁜 부분을 나에게 건네준다면, 그가 자르는 작업을 담당해주었다는 점을 감안해서 불만 없이 받아들인다. 이것이 바이간의 해답이다.

형을 자신이 처한 상황이라고 해석하면, 이 이야기를 매우 쉽게 납득할 수 있다. 자신이 직접 무명천을 반으로 나누고 둘 사이의 우열을 가려야 하는 상황도 '자신이 처한 상황'이다. 이 상황에서 이치에 맞는 행동은 좋은 부분을 상대방에게 양보하는 것이다. 이처럼 형은 일상 속 모든 상황에 나타난다. 꼭 일하는 도중에만 나타나지 않는다. 어떤 상황에서든지 그 상황에 불만을 품지 않고 적절한 행동을 선택하는 것. 그 선택 하나하나가 형의 실천이며 마음을 닦는 수양이다.

상대방이 무명천을 자르고 나에게 나쁜 부분을 건네주었을 때, 바이간은 "어진 마음을 키울 수 있어 좋다"면서 기쁘게 받아들이라고 말한다. 금전적인 면에서 보면 그 선택은 손실이다. 하지만 형의 실천이라는 면에서 보면 그 선택이 정답이라고 단언할 수 있다. 그 선택은 사욕을 극복한 자만이 해낼 수 있는 행동이며 의심의 여지없이 도덕적이므로, 많은 사람의 공감을 얻을 수 있기 때문이다.

> 맹자도 "군자는 목숨을 버리면서까지 의로운 사람이 되기를 선택한다"고 말했다. 군자는 목숨보다 의義를 중시한다. 무명천은 사소한 예일 뿐이다. 설령 나라를 얻고 큰돈을 벌 수 있다 하더라도, 도에 어긋나는 행위라면 어째서 불의를 행하겠는가? 손해를 보더라도 마음을 키운다는 점에서 이득이 된다. 이보다 더 좋은 것이 어디 있겠는가?
>
> -《도비문답》

설령 어마어마한 부와 한 나라의 통치권이 내 손에 들어온다 하더라도, 도에 반하는 행위라면 결코 행하지 않는다. 그것이 《맹자》에 쓰인 가르침이자 바이간의 신조다. 자신이 처한 상황에서 사욕에 휘둘리지 않고 의에 부합하는 행위를 하는 것이 형의 실천이다. 적절한 감정을 품고 적절한 행위를 거듭하면 아름다운 내세를 약속받는다는 식의 종교적 발상은 바이간의 사상에서 찾아볼 수 없다. 앞서 소개한 무명천의 예에서도 알 수 있었듯이, 바이간은 화합을 중시했고 공동체가 튼튼하게 유지되는 상황을 늘 생각했다. 어떤 면에서는 엄격하게 개인의 사욕을 억누르는 사상이라고 받아들여도 이상하지 않다.

그런데 이처럼 마음의 안정을 찾고 실생활을 개선하려는 도덕은 결과적으로 양질의 뛰어난 노동자를 키워냈다. '자신이 처한 상황'에서 언제나 도덕적 행위를 실천할 수 있는 사람은 단기적인 '자기 이익'에 현혹되지 않기에 안정적으로 일하는 능력을 발휘할 수 있기 때문이다. 가장 중요한 것은 그러한 사람들의 마음이 항상 행복으로 가득하다는 점이다. 이는 일방적으로 사상을 주입하는 것으로는 이룰 수 없는 경지다.

심학자는 위정자에게 예속되기를 강하게 거부한다. 심학에 의해 성장하는 것은 '개인주의적 개인'이 아니라 '자율적 개인'이기 때문이다. 다음 장에서는 심학이 키워낸 정신을 현대 상황에 맞춰 상세히 검토해보고자 한다.

제6장

위기 때 빛나는 자기경영

천재지변이 닥쳐도 일상생활을 지속하라

• •

이시다 바이간은 열정적으로 강의했고 다수의 문하생을 키워냈지만, 활동 범위는 교토와 오사카에 국한되었다. 그가 사망한 후, 심학의 가르침은 체계적으로 정리되어 단숨에 일본 전국으로 퍼져나갔다. 에도 시대 후기에는 일본의 모든 지역에 사는 모든 계급의 사람들이 직간접적으로 심학의 영향을 받았다고 해도 과언이 아니다.

이번 장에서는 주로 현대 경제와 경영에 관한 문제를 심학의 사고방식으로 다양하게 고찰해보고자 한다. 이 작업을 통해 심학의 윤곽이 더욱 명확해질 것이고, 심학을 현대에 활용하는 방법도 구체적으로 생각해볼 수 있을 것이다. 현대의 도덕 중에는 심학의 요소를 뚜렷이 확인할 수 있는 도덕도 있지만, 심학의 영향이 전혀 느껴지지 않는 도덕이나 심학과 대립하는 사고방식도 찾아볼 수 있다. 이에 대해 어떤 견해를 제시할 수 있을지에 관해서도 검토해보겠다.

가장 먼저 '비상시의 행동'에 관해 살펴보자. 강력한 태풍이 불어닥친 아침, 출근길에 탄 전철이 멈추었다고 가정하자. 부득이 도중에 내리게 된 노동자들은 어디로 갈까? 일본이라면 거의 모든 노동자들이 혹독한 날씨 속에서도 회사를 향해 걸어갈 것이다. 하지만 다른 국가의 경우, 노동자들은 집으로 돌아갈 것이다.

일본의 노동자들은 왜 악천후로 전철이 멈춘 상황에서도 회사에 가려고 하는 것일까? 외국 사람들은 이러한 일본인의 행동을 이해할 수 없다며 고개를 절레절레 흔든다. "회사 측에 세뇌당해서 매일 출근하지 않으면 정신이 이상해지는 모양"이라며 조롱하기까지 한다. 실제로 세뇌당한 사람은 없다. 일본의 노동자들은 악천후라는 비상사태에서도 '무언가를 유지하고 지속하려는 것' 뿐이다. 그 '무언가'는 바로 '일상'이다.

일상을 지속하는 것의 의미는 말로 제대로 설명하기가 어려울 만큼 대단하다. 비상사태가 닥쳐도 가게는 영업을 지속하며 필요한 상품을 끊임없이 제공해준다. 부족해지는 품목의 가격을 올려 받지도 않는다. 비상시에도 일상을 지속할 것이라고 확신할 수 있는 사회는 매우 견고한 사회다. 평소에도 큰 걱정 없이 일하고, 학교에 다니고, 가정생활을 이어갈 수 있기 때문이다. 이러한 환경이 경제력을 높인다.

바이간은 일상을 지속하려는 심성에 관해 다음과 같은 흥미로운 사례와 견해를 기록했다.

> 어떤 사람이 나에게 상담을 요청해왔다.
>
> "연말 결산을 마치고 새해를 축하하는 때인 요즘, 저 역시 새해 복 많이 받으십시오, 인사하고 상대방도 무탈한 한 해를 보내기를 바란다며 화답합니다. 그런데 사실 저는 마음이 괴로워 새해를 축하할 여유가 없습니다. 작년, 홍수로 주요 거래처 세 곳이 화를 당했기 때문입니다. 살림은 고사하고 논밭까지 다 떠내려가 버리고 몸뚱이 하나와 목숨만 겨우 건졌다고 들었습니다. 그래서 거래처 직원들을 위한 돈 30냥을 위로금으로 보냈는데, 그것으로 근근이 끼니를 때우고 있는 상태라고 합니다. 매장도 모두 망가졌기 때문에 장사를 다시 시작하지도 못하고 있습니다. 거래 대금을 받는 것이 올해가 될지, 내년이 될지 알 수 없는 상황입니다."
>
> -《제가론》

어느 상인이 바이간에게 상담을 요청한 내용이다. 홍수로 직접적인 피해를 입지는 않았지만, 거래처가 수해를 당해 심각한 상태에 빠지자 30냥의 위로금을 보냈을 뿐 아니라 거래 대금까지 받지 못해 경제적 타격이 생겼음을 알 수 있다. 그는 바이간에게 다시 질문했다.

> "당신은 곤란한 상황에서도 마음의 괴로움을 달랠 수 있는 것이 학문의 힘이라고 하셨습니다. 이럴 때 어떻게 해야 마음을 달래고 새해 축하 인사를 건넬 수 있을까요?"
>
> -《제가론》

바이간의 강의를 들어온 상인이 건넨 질문이다. 바이간이 "곤란한 상황에서도 마음의 괴로움을 달랠 수 있는 것이 학문의 힘이다"라고 거듭 말했던 것을 떠올리고 상담을 요청했을 것이다. 상인의 질문에 바이간은 어떻게 대답했을까?

남을 도와야 살아나는 경제

• •

그의 사상을 제대로 파악하고 있다면 그 대답의 방향성을 예측할 수 있을 것이다.

> 내가 말한 바를 곡해하지 않고 잘 활용하면 해결이 쉬운 문제다. 원하는 대로 새해 축하 인사를 마음껏 건네기 바란다. 축하한다는 것은 곧 상대방에게 정직해진다는 뜻이다. 정직하게 행동하려면 일단 세상의 평판과 이욕에서 멀어져야 한다.
>
> -《제가론》

당연히 바이간은 새해 축하 인사를 건네라고 권했다. "평소에 자신이 말한 바를 따르면 분명히 정직해질 수 있을 것"이라고 확신에 차 말했다.

축하한다는 것은 상대에게 정직해진다는 뜻이라고 했는데, 정직은 사욕에 마음을 빼앗기지 않는 정신 상태다. 여기서는 사욕을 '세상의 평판과 이욕泥浴'으로 표현했다. 세상의 평판에서 자유로워지면 주변의 눈에 자신이 어떻게 비치든 신경 쓸 필요가 없다는 뜻이므로 공감을 중시하는 바이간의 사상과 어울리지 않는다고 여길지도 모른다. 그러나 바이간이 추구한 공감은 인간 본성이 바탕이 되는 공감이지, 현실의 수많은 사람들로 하여금 몰려드는 공감이 아니라는 점에 주의해야 한다.

바이간에게 질문한 상인이 두려워한 것은 '나쁜 평판'이라고 여겨진다. 바이간은 잘못된 가치관을 지닌 일부 사람들이 험담하는 것쯤이야 신경 쓸 필요 없다고 말하고 싶었던 것이다. 결론적으로 바이간은 '사욕에서 벗어나 순수한 마음으로 축하할 것'을 권했다고 할 수 있다. 또 "거래처로부터 거래 대금을 회수하지 못해서 파산하고 알몸이 된들 어떠냐" 말하면서 다음과 같이 이야기했다.

> 사람은 모두 알몸으로 태어난다. 하지만 알몸으로 얼어 죽는 갓난아이는 없다. 갓난아이는 아무것도 모르는, 욕심도 없는 존재지만 일단 배내옷을 입을 수 있다. 부모뿐 아니라 친척까지 앞다투어 갓난아이에게 배내옷을 입혀주고 싶어

하기 때문이다. 사람의 마음은 원래 자비롭고 순수하므로, 당신이 알몸이 된 그날부터 당신을 딱하게 여긴 채권자들이 앞다투어 당신에게 옷을 입혀주려고 할 것이다.

-《제가론》

바이간은 모든 재산을 잃고 알몸이 되면 구원의 손길이 몰려든다고 말했다. 갓난아이는 알몸으로 태어나지만 얼어 죽지 않는다. 주변의 어른들이 배내옷을 입혀주기 때문이다. 이와 마찬가지로 모든 재산을 잃고 알몸이 된 상인을 보고 채권자들이 도와줄 것이라고 믿었다. 물론 빚을 탕감해주지는 않겠지만, 사태가 생각만큼 크게 악화되지는 않을 것이다. 이처럼 바이간은 긍정적인 사고로 할 수 있는 대답을 내놓았다.

그런데 생각해보면, 질문한 상인이 경제적 타격을 입은 이유는 수해를 당한 거래처로부터 거래 대금을 회수하지 못한 데다가 위로금으로 30냥이나 되는 거금을 제공했기 때문이다. 선한 사람의 귀감이 되는 행동으로 평가할 만하다. 수해를 당한 거래처 사람들은 모든 것을 잃고 절망의 늪에 빠졌을 것이다. 그곳에 거래 대금 청구도 하지 않고 오히려 위로금까지 보낸 상인은 수해를 겪은 이들에게 신처럼 보였을 것이 틀림없다. 그러므로 바이간은 다음은 그 상인이 마땅히 도움 받을 차례라고 생각했다.

이 사례로 알 수 있듯이, '비상시에도 일상을 지속하려는 심성'은 주변 사람들이 상부상조할 것이라는 믿음에서 비롯된다. 이렇게 말하면 상당히 자의적인 해석이라고 할지도 모르지만, 여러 번 반복해서 설명했듯이, 바이간 사상의 중심에는 '사람은 혼자서 살아갈 수 없다'는 진리가 자리 잡고 있다. 그러므로 그가 상부상조의 정신을 중시하는 모습이 조금도 어색하지 않다.

이를 '인과응보' 같은 운명적인 것으로 파악해서는 안 된다. 바이간은 어려움에 빠진 동료를 자각적이고 자율적으로 도와준다고 생각하기 때문이다. 상부상조의 정신이 확립된 사회는 안전망이 견고한 사회, 마음 편히 일하며 삶을 영위할 수 있는 사회다.

모두의 문제를 내 것으로 받아들여라

• •

상부상조 정신을 적극적으로 발휘하는 경우가 '자원봉사'다. 현대에도 국가적 비상사태에 자원봉사 활동이 활발하게 이루어진다. 바이간 또한 당시 적극적으로 봉사활동에 나섰다고 알려져 있다.

> 1740년 겨울부터 이듬해 봄까지, 교토 구석구석에 곤궁한 사람이 많았다. 그해 겨울, 곤궁한 사람이 많다는 소문뿐 구제 활동을 하는 사람은 없었다. 이시다 선생은 이를 마음 아파하며 문하의 사람들을 여러 곳으로 파견해 곤궁한 주민이 어떤 상황인지 확인하도록 했다. 소문보다 심각한 상황이었다. 그래서 문하생들을 데리고 서너 명씩 나뉘어 12월 28일부터 매일 장소를 바꾸어가며 구제 활동을 실시했

다. 그러자 이듬해 1월 2일부터 곳곳에서 구제 활동을 하는 사람들이 많이 나타났다.

-《이시다 선생 사적》

흉년이 들어 심각한 기근이 발생했을 때, 사람들이 굶고 있다는 상황을 전해들은 바이간은 제자들과 함께 자원봉사 활동을 하러 갔다. 주로 곤궁해진 사람들에게 무료로 죽을 제공하는 활동을 한 것으로 전해진다. 이 활동이 가능했던 이유는 거상이었던 제자들의 경제력 덕분이었을 것이다. 바이간은 이미 일을 그만두고 무료 강의를 진행하고 있었기 때문에, 저축해둔 돈과 제자들이 가져다주는 식료품으로만 생활하고 있었다. 그러나 그의 제자 중에는 데지마 도안처럼 부유한 상가의 주인과 그 아들도 있었기에, 그들이 자진해서 구제 활동에 필요한 비용을 제공했을 것이다.

이처럼 비상사태가 발생했을 때도 주변 사람들이 상부상조 정신을 발휘하고 도움의 손길을 뻗어줄 것으로 기대할 수 있는 사회에서는 안심하고 경제활동을 할 수 있다. 특히 이러한 활동은 공적인 것이 아니라 민간에서 자발적으로 이루어진다는 점이 중요하다. 양심이 결여된 위정자가 등장해도, 일반 시민 사이에 상부상조의 정신이 정착되어 있다면 구제 활동의 안정적 실행를 기대할 수 있기 때문이다.

국가에 많은 것을 바라지 않고 민간 주도로 곤궁한 사람을 도와준다는 발상은 바이간이 강하게 의지했던 유학의 정치철학으로 성립된 것이다. '수신제가치국평천하' 정치관은 개인의 도덕심 향상으로 세상의 안정을 달성할 수 있다는 내용이다. '무슨 일이 생기면 국가에서 도와주겠지' 같은 생각은 책임 회피일 뿐이다.

심학의 창시자부터 적극적으로 나섰던 자원봉사 활동은 계속해서 심학의 중심에서 꿋꿋이 계승되었다. 1833~1836년의 대기근 때 심학자 시바타 규오柴田鳩翁는 제자들과 함께 적극적으로 구제 활동에 나섰다. 관에서 실시한 구제 활동은 번잡한 절차 때문에 실효성이 없어 굶주린 사람들을 충분히 구제해주지 못하던 상황이었다. 관에 의지하지 않고 자신들의 힘으로 도와주겠다는 발상과 행동력은 난학蘭學(에도 시대에 네덜란드로부터 들어온 의학, 과학 등의 서양 학문—역자) 연구자와 화가로서 유명한 와타나베 가잔渡辺崋山도 감명을 받았다고 전해진다.

다시 바이간의 이야기로 돌아가겠다. 바이간은 상부상조 정신으로 세상을 구원하겠다고 생각한 것은 아니었다. 봉사활동은 인간의 본성에 따른 것이다. 타인에 대한 사랑을 바이간은 '인仁'으로 설명했다. 그는 인을 그다지 대단한 것으로 생각하지 않았다. 곤궁한 사람들을 모두 구제할 수 있을 것이라고도 생각하지 않았다.

1806년에 간행된 《이시다 선생 사적》(저자 소장본)

이시다 선생은 “심덕心德에서 중요한 인仁에는 당장에 이르기가 어렵겠지만, 심신을 혹사하거나 돈을 쓰지 않아도 인을 행할 수 있는 경우가 있다. 만분의 일이라도 행할 수 있다면 그에 상응하는 인이 선善으로 이어질 것이다”라고 말했다. 그래서 가능한 일들을 적어보았다. 도랑에서 길로 물이 넘치면 얕은 홈을 파서 물이 빠지게 만드는 예를 들 수 있다. 이것도 인이다.

-《이시다 선생 사적》

봉사활동은 의심할 여지없이 훌륭한 일이다. 그러나 ‘비상사태가 발생했을 때 반드시 봉사활동을 해야 한다'라는 규칙이 있다면 숨이 막힐 것 같다. 그런 규칙은 일상적인 활동에 폐해를 가져다줄지도 모른다. 바이간이 추구하는 인은 단적으로 말하면 '할 수 있는 일을 하는 정도'였다. 물이 넘쳤을 때 물을 빠지게 해주는 정도인 것이다. 바이간은 이 정도도 충분히 인이라고 할 수 있다고 생각했다.

상부상조 역시 이 정도의 인으로 이루어져도 상관없다. 스스로를 무리하게 몰아세우며 수행해야 하는 것이 아니다. 다만 다른 사람들의 고통스러운 문제를 자신의 일처럼 받아들이려는 마음가짐만큼은 잊어서는 안 된다.

일상적 검약의 지혜

• •

'일상을 지속하는 심성'과 더불어, 심학의 영향이 강하게 느껴지는 도덕으로 '모타이나이勿体無い(유용한 대상이 제대로 쓰이지 못해 안타깝다는 뜻—역자)'를 들 수 있다. 일본어에서 유래한 이 말은 2004년에 노벨평화상을 수상한 환경운동가 왕가리 마타이가 처음 사용한 이후 단숨에 국제적으로 널리 알려졌다. 그녀는 '모타이나이'를 사용해 개발도상국의 식량 부족과 자연 파괴에 대한 주의를 환기하고, 인류가 생존할 수 있는 지구 환경을 장기적으로 유지하기 위한 이념을 표방했다. 이는 인간을 생태계의 일원으로 파악하고 인간 생활과 자연의 조화 및 공존을 지향하는 생태주의Ecologism 사상과 비슷하다.

그런데 예전에는 오히려 이 같은 사고방식을 지극히 당연한 것으로 여기고 실천했다. 특히 물건의 낭비를 줄이고 재활용하

| 왕가리 마타이
사진 출처: ZUMAPRESS/amanaimages

는 시스템이 완성되어 있었다. 헌 종이와 헌 천을 사들이는 '폐지상', 논밭의 비료로 쓸 배설물을 사들이는 '분뇨상', 연통의 수리와 교환을 전문으로 하는 '연통꾼', 여성의 머리카락을 사들이는 '머리상', 지금도 건재한 '헌 옷 가게' 등 여러 도시에 물건을 낭비하지 않고 재활용하는 업자들이 존재했다. 바이간의 사상이 이러한 사고방식을 '창시했다'고 하기에는 약간 지나친 감이 없지 않지만, 그 사고방식에 큰 영향을 끼쳤다고는 확실히 말할 수 있다.

이러한 검약은 앞서 설명한 상부상조의 정신과도 깊은 관련이 있다. 검약을 단순히 절약이라는 의미로 받아들이더라도, 상부상조를 위해서는 검약이 꼭 필요하다. 《도비문답》에 수록된 내용을 살펴보자. 어떤 사람이 "내가 일하는 가게 주인은 계산도 꼼꼼하고 돈도 거의 쓰지 않는데, 경제적으로 어려운 계약직 직원에게 많은 양의 곡식을 주었다. 이에 대해 어떻게 생각하는가?"라고 질문하자, 바이간은 다음과 같이 답했다.

> 금은은 천하의 보물이다. 각 개인은 서로 돕는 역할이 있음을 잘 알고 있다. 곤궁에 빠진 사람을 도와주고서 고맙다는 인사조차 듣지 못했을 때 기분 나쁘게 생각하지 않는 것은 성인聖人도 하기 어려운 일이다. 《맹자》에 '서민에게는 어느 정도의 재산이 없으면 마음도 없다'라는 구절이 있다. 서민은 대개 지혜가 없다. 그 어리석음을 알고, 상대방이 나의 자비를 모르더라도 상관하지 말고 남의 근심을 덜어주는 것을 내 임무로 삼아야 한다. 많이 모으고 많이 베푸는 당신의 가게 주인은 학문을 즐긴다고 듣지 못했으나, 설령 일자무식이라 하더라도 진정으로 배운 사람이다.
>
> -《도비문답》

바이간은 그 가게 주인을 칭찬했다. 가게 주인이 학문을 좋아하지 않는 자여도 '진정으로 배운 사람'이라고 단언했다. 그 주인이 검약의 의미를 깊이 이해하고 올바른 도덕적 실천을 하고 있기 때문이었다. 주인은 계산이 꼼꼼하고 돈을 허투루 쓰지 않았기 때문에 절약을 통해 충분히 모은 곡식을 어려운 처지의 계약직 직원에게 나누어줄 수 있었다. 상부상조의 정신을 가지고 있어도 금전적 여유가 없다면 행동으로 옮기기 어렵다. 그러므로 평소에 실천하는 검약은 상부상조를 실천하는 데 있어 매우 중요하다.

결국, 사람중심 경영이 살아남는다

바이간의 검약으로 현대의 노동 시장을 바라보면 서글픈 마음을 금할 수 없다. 일본의 행정기관, 후생노동성의 조사에 따르면 2014년, 임원을 제외한 전체 고용자의 37.4%가 비정규직이었다. 무려 세 명 중 한 명 이상의 고용자가 기업과 비정규 고용 계약을 맺고 있다는 뜻이다.

기업이 비정규직을 늘리는 이유는 인건비를 줄일 수 있을 뿐 아니라 실적 낮은 직원을 쉽게 정리할 수 있기 때문이다. 기업은 시장에서 경쟁하고 살아남아야 한다. 상품을 팔 때는 경쟁기업보다 100원이라도 싸게 팔아야 한다. 그러기 위해서는 온갖 '낭비'를 줄일 필요가 있다. 인건비도 그런 낭비 중 하나로 보는 것이다. 정규직으로 고용하면 직원의 복리후생을 위해 거액의 비용이 필요해질 뿐 아니라, 기업의 규모가 줄었을 때 쉽게 해고하지도 못한다.

그래서 눈독을 들이는 것이 비정규직이다. 기업은 종래의 종신고용과 연공서열 시스템으로는 더 이상 시장에서 살아남을 수 없다고 판단했다. 경쟁에서 이기기 위해서는 기업을 최대한 가볍게 만들어야 했다. 가족주의적이었던 일본의 기업은 가족의 수를 줄이고, 부족해진 노동력을 '생판 남'으로 채우는 전략을 선택했다. 가족을 줄이는 데 사용한 방법은 '권고사직'이었다. 그리고 '구조조정'이라는 번지르르한 용어로 정규직 해고를 정당화했다. 기업에서 내쫓긴 직원이 일자리를 잃어 느끼는 비참함은 기업의 구조조정이라는 대의명분에 가려졌다.

잃어버린 20년 동안 대기업 직원에 대한 처우가 쉽게 회복하지 못할 정도로 상황이 열악해졌다. 그 배경에는 경제 정책과 법률을 포함, '규칙지상주의'가 있다. 노동자파견법에 저촉되지 않는 이상, 직원을 어떻게 다루어도 상관없다고 생각하는 경영자가 많아진 것이다. 시간을 되돌릴 수 없겠지만, 이 20년 동안 잃어버린 우수한 노동자의 수는 어마어마할 것이다. 이는 단순히 우수한 정직원을 내쫓았다는 사실만을 의미하지는 않는다. 정직원으로 입사해 안정된 조건하에서 지도와 연수를 받아 높은 능력을 발현해낼 잠재력이 있는 사람들을 영원히 잃어버렸다는 뜻이기도 하다.

바이간은 '검약이란 비용을 줄이는 것뿐 아니라, 경우에 따라서는 돈을 쓰는 것까지 포함한다'고 말했다. 일 잘하는 직원에게 기꺼이 보너스를 준다면, 그는 의욕이 생겨 더 높은 능력을 발휘할지도 모른다. 그리고 그런 경영자의 자세를 지켜본 다른 직원들도 일을 더 잘하려고 힘쓸 것이다. 실패한 경영자의 대부분은 단순히 수치만을 바라보았을 뿐, 직원의 본성을 파악하는 데 소홀했을 것이다. 상품 가격, 원가율, 매출 등의 수치를 정확히 알고 분석하는 것도 물론 중요한 일이다. 그러나 직원은 모두 한 번뿐인 인생을 살고 있는 인격체다. 개개인의 얼굴을 바라보고 각자의 본성을 이끌어내는 노력을 하지 않고서는 기업의 장기 성장을 실현할 수 없다.

바이간은 《제가론》에 남들을 이끄는 자의 마음가짐에 관한 흥미로운 이야기를 담았다.

> 나는 어리석은 사람이지만, 유학자라는 직업을 가지고 있다. 분별 있는 사람으로부터 경멸당할 일이 많을 것이라는 생각에 항상 부끄럽고 두렵다. 그러나 성현의 길을 가르치고 있는 이상, 자신을 대충 대우해서는 안 된다. 모든 사람의 내면에는 고귀한 부분이 있다. 남을 가르치고 이끌 때는 자신부터 먼저 성현의 길에 들어서서 예의를 차려야 한다. 그러지 못하면 짐승과 다를 바가 없다.
>
> -《제가론》

이는 유학자로서 강의하는 바이간 본인의 마음가짐을 기록한 것이기도 하다. 남에게 영향을 주고 남을 이끄는 사람의 공통된 마음가짐이 될 수 있을 것이다. 바이간은 설령 자신이 어리석을지라도 결코 자신을 대충 대우하지 말아야 한다고 말했다. 모든 인간은 고귀한 본성을 가지고 있다. 그러므로 남들을 이끄는 입장에 선 이상, 성현의 길을 따라 스스로에게 예의를 갖추어야 한다. 남들을 움직이는 힘과 지위를 가진 사람은 꼭 지켜야 하는 원칙이다. 경영자는 스스로를 변변치 못한 인간으로 느끼더라도 본성에 따라 날마다 노력해야 한다. 올바른 검약의 길을 깨닫고 직원에게 모범을 보이는 것도 중요하다.

"회사를 가족처럼 생각하는 것은 시대착오적인 발상"이라는 말도 나왔다. 그런데 그런 말을 도대체 누가 처음 시작했을까? 아마도 규칙지상주의에 잠식된 타 문화로부터 유래한 주장일 것이다. 장기적인 경영 안정 방안을 고민할 때, 규칙 준수와 수치 계산을 우선시하고 철학을 소홀히 하면 위험해진다. 이는 역사가 경고하는 바다.

소비 욕망은 어떻게 생겨날까

• •

현대의 경제 문제는 '소비'와 강하게 얽혀 있다. 소비를 부추기는 행위는, 적어도 심학에서는 적절한 행위가 아니다. 이에 관해서는 이미 지적한 바 있다. 여기서 다시 소비라는 매우 어려운 문제에 관해 다루어보겠다.

소비를 추구하는 심성은 주로 사욕으로부터 발생한다. 사욕이란 자기 이익을 추구하는 마음이며, 과도하면 공동체 유지에 커다란 문제가 된다. 애덤 스미스는 '중립적인 관찰자'가 거절할 만한 행위는 도덕적으로 올바르지 않다고 역설했다. 바이간의 사고방식도 이와 매우 비슷하다. 본성을 알려고 하지 않는 사람에게 시장 참가는 허용되지 않는다. 도덕적으로 미숙한 자의 행위는 적법하다 할지라도 공동체의 화합을 무너뜨리고 사람답게 살 수 있는 조건, 환경을 위험에 빠뜨리기 때문이다. 그렇다면 애초에 사욕을 지니지 않은 사람은 어떤 경위로 소비에 빠져드는 것일까?

> 상가에 들어가 고용살이하는 아이들은 일부를 제외하고는 가난한 집안의 아이다. 가난하기 때문에 고용살이를 할 수밖에 없는 것이다. 부모는 집안이 넉넉했다면 유모까지 두고 자식을 키웠을 텐데, 넉넉하지 못해서 자식을 고용살이 보낸 것이다. 가난하다는 이유로 어린 나이에 부모 슬하에서 벗어나 먼 곳으로 떠나는 것은 분명히 슬프고 힘든 일이지만, 누가 나서서 도와줄 수도 없는 노릇이다. 물론 도와주고 싶은 마음은 굴뚝같지만. 그러나 시골에서 올라온 고용살이꾼은 무명옷 한 벌, 홑옷 한 벌이면 족하다고 생각한다.
>
> -《제가론》

이 이야기는 욕심 없는 가난한 집안의 아이가 고용살이꾼이 되고 나서, 어떻게 소비 욕망을 갖기 시작하는지 설명하는 내용이다. 바이간은 빈농 집안에서 태어나지 않았지만 어려서부터 고용살이하러 떠난 경험이 있기 때문에, 이야기가 실감나게 쓰였다.

고용살이꾼은 처음에는 갓난아이 같은 마음이어서 사욕이 없다. 그래서 가지고 온 무명옷 한 벌과 홑옷 한 벌이면 충분하다고 생각한다. 그러나 상가에서 일하다 보면 마음에 변화가 생긴다. 이어지는 내용을 살펴보자.

> 그러다 반년이나 1년쯤 지나면 동료들이 많은 옷을 가지고 있다는 사실을 알고 부럽다고 느낀다. 그래서 가뜩이나 살림이 팍팍한 부모에게 새 옷을 보내달라고 편지를 쓴다. 이 소식을 들은 부모는 자식을 딱하게 여겨 빚을 내서라도 옷을 한 벌, 두 벌 보내준다. 이 정도면 됐겠지 싶다가도, 자식에게서 또 다른 물건이 모자라다는 소식이 전해져온다. 마련해주기 힘들지만 자식이 불쌍하다. 어떻게든 보내주고 싶은 마음에 괴로워하는 사람들이 많으니, 애처로운 일이다.
>
> -《제가론》

반년이나 1년쯤 지나면 고용살이꾼은 '주변에서 일하는 동료들은 옷을 많이 갖고 있는데, 왜 나는 없을까? 나도 옷을 많이 갖고 싶어' 생각한다. 그래서 그는 고향의 부모에게 '저도 다른 옷을 입고 싶으니 사주세요'라는 내용의 편지를 쓴다. 그 편지를 읽은 부모는 어린 자식을 고용살이로 보냈다는 죄책감 때문에 빚까지 내가며 자식이 원하는 옷을 사 보내준다. 그렇게 일단락된 줄 알았더니, 자식에게서 또 편지가 도착한다. '이런 것을 보내 달라, 저런 것을 보내 달라' 하는 내용뿐이다. 그 이유도 항상 똑같다. '주변 사람들이 갖고 있으니까'다. 가난한 부모는 머리를 감싸 쥘 뿐이다.

이야기는 인간이 어떻게 소비 욕망에 빠지게 되는지 쉽게 가르쳐준다. 소비 욕망은 자연적으로 발생하는 것이 아니다. 주변에서 자극받아야 비로소 마음속에서 모습을 드러낸다. 소비 욕망은 '그 물건이 필요하다'는 이유에서 비롯되지 않는다. 원하는 물건을 산 이후에도 소비 욕망이 사라지지 않는다. 소비 욕망을 채우는 것은 깨진 독에 물 붓기나 마찬가지다. '주변 사람들이 갖고 있으니까'라는 이유는 영원히 사라지지 않기 때문이다.

이런 소비 욕망에 이끌려 살아가면 어떻게 될까? 욕망은 영원하지만, 재산은 영원하지 않다. 이야기에 등장한 고용살이꾼의 부모처럼 빚이 쌓일 것이다. 채울 수 없는 공허한 욕망의 대상을 좇기 위해 끊임없이 돈을 써대야 하는 꼴이다. 이는 결코 과장된 이야기가 아니다. 고용살이꾼의 모습은 현대인의 초상이기도 하기 때문이다. 지나친 소비 욕망은 자신을 파괴하고, 집안을 망가뜨리고, 안정된 공동체를 무너뜨린다. 또한 인간이 인간답게 살아가는 조건을 상실시킨다. 물론 그런 지경에까지 이르지 않는 사람도 있다. 하지만 일단 한번 소비에 마음을 빼앗기면, 내면에서 확고한 가치관을 키우기가 힘들어진다. 평생 주변에 휘둘리며 남의 장단에 춤추는 꼭두각시가 되고 만다.

환경을 탓하기 전,
자세를 돌아보라

• •

현대의 문제를 심학으로 고찰해보는 이번 장의 마지막 주제는 '직업과 자기실현'이다. 이 주제는 지금까지 고찰해온 문제들과도 연결되어 있다.

오늘날에는 직업 선택의 자유가 있다. 물론 채용 조건이 있어, 원한다고 해서 반드시 그 직업에 종사할 수 있다는 보장은 없다. 그러나 자신이 좋아하는 직업을 고르고 도전할 수 있는 권리는 누구에게나 있다. 그런데 선택지가 늘어난 것이 반드시 행복한 일이라고는 할 수 없다. 게다가 모든 직업 정보를 입수하는 것도 물리적으로 불가능하다. 그래서 많은 사람들은 어느 정도 친근한 직업 혹은 정보를 입수할 수 있는 직업을 선택하게 된다. 무사히 취직한 후에도 많은 사람들은 끊임없이 스스로 '이 직업이 과연 나에게 맞는 걸까?' 질문한다.

직업을 선택하는 시점부터 자신의 적성에 맞는 직종, 기업, 근무지 등을 찾는다. 적성을 절대시하고 과신하기 때문에 '나를 직업에 맞춘다'는 발상이 사라지고 있다. 이는 직업에만 해당되는 이야기가 아니다. 많은 사람들이 자신이 처한 여러 환경을 두고 나에게 맞는 환경과 나에게 맞지 않는 환경을 구별하려는 사고방식을 품기 시작했다. 이는 철학적으로 말하면, '확고한 나' 혹은 '이미 완성된 나'를 상정하는 셈이다. '확고한 나'라는 퍼즐 조각에 딱 들어맞는 환경을, 마치 파랑새를 좇듯이 찾아 헤매는 것이 옳다고 생각하는 사회가 되어가고 있다.

물론 악덕 기업처럼 자신이 맞추고 싶어도 도무지 맞추기 어려운 환경도 있다. 혹시 이런 악덕 기업에 들어갔다면 적성과 상관없이 곧바로 그만두는 편이 좋을 것이다. 어쨌든 오늘날의 사회는 자신을 환경에 맞추기보다 자신에게 맞는 환경을 찾아 헤매는 사람들이 다수를 점하고 있는 것이 사실이다. 도요게이자이신보사東洋経済新報社에서 발행하는 《취직사계보就職四季報》에는 2007년판부터 '기업별 3년 후 이직률'이 게재되기 시작했다. 이는 이직률이 높은 악덕 기업을 알아보는 것도 중요하지만, 기업 측에 특별한 문제가 없는데도 "이 회사는 나랑 맞지 않아" 말하며 선불리 사표를 던져버리고 떠나는 젊은 사람들도 많다는 점을 간과하면 안 된다.

이처럼 '확고한 나'를 전제로 살아가는 삶이 과연 좋은 삶일까? 스스로 천직이라고 느끼는 직업을 운 좋게 발견하는 사람도 있을 것이다. 그러나 그것이 본인에게 도움이 되는 일인지 의문을 가져야 한다. 바이간은 '일찌감치 발견한 천직'은 사람의 올바른 성장을 방해한다면서 부정적인 견해를 보였다.

바이간이 말하는 '형形에 의한 마음'은 직업을 포함한 온갖 환경 속에서 최선을 다함으로써 스스로의 본성에 다가가야 한다는 사고방식이다. 이는 기본적으로 '내가 완성되어 있지 않다'는 것을 전제로 한다. 그렇다면 인간은 언제 완성될까? 바이간은 "평생 완성되지 않는다"고 말했다.

바이간은 11세 때 고용살이하러 떠났다가 고용살이하던 상가의 상황이 나빠지자 15세 때 고향으로 돌아왔다. 바이간의 어머니는 "왜 상가의 상황이 나빠지고 있다는 사실을 알리지 않았느냐" 물었다.

> 내가 교토에 가게 되어 집을 떠나게 되자, 부모님은 짚신을 신고 있는 나에게 이렇게 말했다. "너를 우리 집에서 키우기가 어려워져서 고용살이 보내게 되었다. 앞으로 교토에서 주인을 만나게 될 터인데, 그곳에서 출세하거라. 주인은 너를 키워줄 뿐 아니라 마지막에는 가게까지 열어주고 독립시켜줄 분이니, 새 부모라고 생각하고 정성껏 섬기거라" 당부하셨다. 그러니 지금까지 나는 그 당부의 말씀을 준수해

서, 상가의 상황이 악화되고 있다는 사실을 결코 알리지 않았던 것이다. 새 부모라고 생각하는 사람의 허물을 어찌 말하겠는가? 어머니도 내 말을 듣고 눈물을 흘리면서 "그래, 말 안 하길 잘했다" 말하시며 기뻐했다.

-《이시다 선생 사적》

사업이 기울어가는 상가에서 바이간이 쉽게 떠나지 않았던 이유는 부모의 당부대로 상가 주인을 새 부모라고 생각했기 때문이다. 이 행동은 훗날의 바이간도 적절한 행동으로 평가했을 것이다. 주어진 상황에서 최선의 노력을 다해야만 자신의 진정한 모습, 올바른 모습을 드러낼 수 있기 때문이다. 현대와 바이간이 살았던 때의 상황이 매우 다르다는 의견도 나올 법하다. 하지만 자신에게 맞는 환경을 찾는 것이 옳다는 사고방식에는 문제가 있다. '확고한 나'를 전제로 사는 삶은 환경을 부정하고 남을 존중하지 않는 삶이다.

심학의 가르침에서 가장 중요한 요체는 어떤 문제가 있다고 느꼈을 때 환경을 탓하기 전에 자신의 태도를 반성하는 데 있다. 이를 고리타분한 사상이라고 비판하는 것은 자유다. 하지만 지금까지 이어지고 있는 일본 경제력의 뼈대가 심학 없이 만들어질 수 없었다는 것은 의심의 여지가 없는 사실이다.

제7장

살아남는 기업이 되기 위하여

에도 시대의 피터 드러커

• •

에도 시대의 사상을 그대로 가져와 현대를 분석하는 도구로 이용하는 것은 결코 쉬운 일이 아니다. 6장에서는 현대의 문제들을 꺼내면서 바이간의 사상을 더욱 깊이 고찰해보았는데, 약간의 위화감을 느꼈을지도 모르겠다. 근세와 현대는 사회체제, 사고방식, 자연환경까지도 크게 다르기 때문이다. 에도 시대 중기에 완성된 사상으로 현대를 바라보는 것은 무의미하다는 의견도 나올 만하다. 그러나 아무리 오래되었다 한들 정말로 잘 다듬어진 사상이라면 시대적 제약을 뛰어넘어 몇 번이고 다시 소생할 수 있다. 마치 진짜 미술품 같다. 뛰어난 미술품은 아무리 오랜 시간이 지나도 그 가치가 변하지 않는 법이다.

이번 장에서는 바이간과 위대한 현대 사상가를 비교하면서 이야기하고자 한다. 그 위대한 사상가는 다름 아닌 피터 드러

피터 드러커
사진 출처: Sipa press/amanaimages

커다. 드러커는 일본뿐 아니라 전 세계적으로 널리 알려진 저명한 학자다. 그의 저서들은 세계의 다양한 언어로 번역되었고, 그의 이론은 수많은 경영자들의 지지를 받았다. 그의 영향력은 가히 압도적이다. 드러커가 바이간의 심학에서 영향을 받았다고는 상상하기 어렵다. 그런데 드러커의 용어, 개념과 사고방식을 익히고 나면 신기하게도 바이간의 가르침이 매우 이해하기 쉬워진다.

사실 심학에서 근대화를 이끈 힘을 감지해낸 미국의 학자 벨라도 바이간 자체를 오롯이 읽었다기보다는 칼뱅이나 베버의 사상과 비교하며 파악했다. '어떤 사상을 무엇과도 비교하지 않고 읽는다'는 것은 의외로 어렵고, 경우에 따라서는 불가능하기까지 하다. 한 인물의 사상을 다른 인물의 사상과 비교하면서 이해하는 행위는 그 사상의 원래 의미를 왜곡하고 다양한 잠재력을 줄여버릴 수도 있지만 반대로, 현대 사상가의 사고방식을 빌려 옛 시대의 문장을 읽어나감으로써 옛 사상의 현대적 의미를 밝혀내는 경우도 많다. 나는 드러커를 통해 바이간을 읽는 행위에는 그런 장점이 있다고 믿는다.

심학과 드러커의 사상을 비교하기 전에 한 가지 흥미로운 사실을 짚어두고자 한다. 드러커는 일본의 기업과 고용에 관해 자주 이야기했는데, 에도 시대의 일본에 관해서도 언급했다. 그의 대표 저서 《매니지먼트Management》에서 그 내용을 확인할 수 있다.

> 마케팅은 1650년경 일본에서 미쓰이 가문三井家(에도 시대에 번창했던 상인 가문이며 오늘날 미쓰이 그룹의 전신—역자)의 창시자, 미쓰이 다카토시三井高利에 의해 고안되었다. 그가 에도에 와서 개업한 가게는 1세대 백화점이라고 부를 만하다. 그가 이야기한 시어스 로벅Sears Roebuck(미국의 백화점 체인—역자)의 기본 방침은 250년이나 앞서 있었다.
>
> "고객을 위한 구매 역할을 담당한다. 고객에게 어울리는 상품을 기획하고 생산자를 육성한다. 고객이 요청하면 무조건

반품을 받아준다. 단일 기술, 제품 카테고리, 업무 프로세스에 주력하기보다는 상품 라인을 다양하게 갖춘다……."

그는 당시 일본 사회가 변화하면서 전에 없던 잠재 고객층, 새로운 중상류 계급이 탄생했음을 간파했다.

- 《매니지먼트》

이처럼 드러커는 미쓰이 가문을 에도 시대 '마케팅의 발견자'로 높이 평가했다. 더욱 중요한 내용은 이어지는 부분에 소개된다.

이러한 깨달음을 바탕으로 미쓰이 가문의 창시와 후계자들은 사업을 넓혀 일본 최대의 소매업인 미쓰코시 백화점 그룹을 결성했을 뿐 아니라 제조사, 상사, 금융사 등으로 이루어진 일본 유수의 재벌로 약진했다.

- 《매니지먼트》

이 내용이 중요한 이유는 드러커가 에도 시대 미쓰이 가문의 철학과 훗날 미쓰이 재벌의 철학 사이에 연속성이 있음을 인정한 부분이기 때문이다. '에도 시대 상인의 사상 따위는 낡아서 쓸모없으며, 서양에서 들어온 근대적 사고방식에 의해 메이지 시대 일본이 근대적 경제 시스템을 만들어낼 수 있었다'고 생각하는 사람들이 많다. 또 메이지 유신 이후 열강에서 쏟아져 들어온 '외국인 초빙사'가 합리적인 사고방식을 통해 일본인에게 올바른 경제 지식을 가르쳐주었다고 파악하는 이들도 있다.

하지만 드러커의 말은 그런 인식을 부분적으로 부정하고 있다. 미쓰이 가문은 해외에서 들어온 경영 노하우를 활용해 번창한 것이 아니며 경험과 지혜로 마케팅이라는 새로운 수단을 발견했다. 나 역시 드러커의 이러한 분석에 동의하는 바다. 계속해서 드러커의 도움을 받아가며 심학을 고찰해보기로 하자.

사욕은 인간의 본성이 아니다

• •

바이간뿐 아니라 애덤 스미스도 '자기 이익'을 추구하는 행위는 인간 본성에 바탕을 두어야 한다고 여겼다. 애덤 스미스의 주장에 따르면, 이해관계 없는 제3자에 의해 공감받지 못하는 감정과 행위는 반도덕적인 것이다. 지나친 이기적 행동은 공동체의 공감을 얻기 어렵고 조화를 흐트러뜨릴 가능성마저 품고 있다. 바이간은 본래 무욕無欲이 본성이라고 하면서 애덤 스미스보다 더 '자기 이익 추구'를 비판했다.

애덤 스미스와 바이간은 경제활동 자체를 문제시하지는 않았다. 상업에 관해서도 인간 사회를 유지하는 데 없어서는 안 되는 것이라고 말했다. 바이간은 사욕을 비판했지만, 올바른 상행위의 결과로서 재산을 모으는 것은 전혀 문제가 되지 않는다고 역설했다.

이를 바탕으로 드러커의 사고방식을 살펴보자. 다음은 드러커가 32세 때 출판한 《산업인의 미래The Future of Industrial Man》에 수록된 한 구절이다.

> 상업 사회가 상업주의로 인간을 타락시켜 돈에 눈이 먼 돼지로 만들었다는 비난에는 근거가 없다. 개인의 행동과 사회의 구조를 혼동해서는 안 된다. 상업 사회는 부에 대한 인간의 관심을 증대시키지 않았고, 인간의 본질을 바꾸지 않았다. 실제로 어떤 사회든 인간의 본질을 바꿀 수는 없다.
>
> -《산업인의 미래》

드러커의 사상이 많은 사람들의 마음을 사로잡고, 경영을 초월해 삶의 기반을 논의할 수 있는 이유는 드러커가 늘 근원적 의문, '인간이란 무엇인가?'로 논의를 시작하기 때문이다. 드러커의 이 같은 자세는 현대에는 드문 일이지만, 19세기까지는 표준이었다. 애덤 스미스와 이시다 바이간은 '인간이란 무엇인가?'를 늘 염두에 둔 채 연구에 몰두했다.

인용문을 차근차근 살펴보자. 드러커는 상업 사회가 인간의 본질을 바꾸지 않았다고 단언했다. '상업 사회는 부에 대한 인간의 관심을 증대시키지 않았다'라는 문장이 있다. 이미 아는 바와 같이 드러커는 인간의 본질에 '부에 대한 지나친 관심'이 없다고 인식한다. '지나친'이라는 수식어를 붙인 이유는 인간이 살아가는 데 최소한의 '부에 대한 관심'은 당연히 있어야 하기 때문이다. 또 기업의 본성을 파헤친 《매니지먼트Management》에서는 다음과 같이 말했다.

> 이익은 원인이 아니라 결과다. 마케팅, 혁신, 생산성 면에서 기업이 성과를 올리면 그 결과로 이익이 생긴다. 이는 꼭 필요한 결과이며, 경제의 본질적인 기능에도 부합한다.
>
> -《매니지먼트》

인간의 본성에는 부에 대한 지나친 관심이 없고, 기업이 활동하는 원인에는 이익이 없다. '이익은 활동의 결과'라고 한 것도 바이간의 견해와 완전히 같다. 그 결과로서 얻어진 이익을 긍정하는 것도 두 인물의 공통된 의견이다.

드러커는 분명히 인간의 본질과 본성에서 강한 사욕을 발견하지 못했다. 돈을 벌고 싶다는 욕구로 창업하는 것도 잘못이라고 말했다. 소비 욕망도 사람의 근원적 욕망이라고 생각하지 않은 것이 분명하다. 바이간은 사욕으로 움직이는 인간을 부정했고, 상업에서도 '자신에게도 이롭고 상대방에게도 이로운 것'을 이념으로 삼았다. 모든 행위가 거래 관계에 있는 사람들만을 위해서가 아니라, 공공을 위해 존재해야 한다고 설파했다.

이 말만 들으면 금욕적이고 종교적인 사상이라고 생각할지도 모른다. 그러나 매우 현대적이고 미래를 앞서간 사상가로 평가받는 드러커도 바이간과 완전히 동일하게 "인간의 행위는 공공의 이익을 지향해야 한다"고 주장했다. 이제부터 이에 관해 고찰해보겠다.

사회적 책임을 다하는 것은 기업의 의무다

• •

"기업은 이익을 추구할 뿐 아니라, 사회적 책임도 다해야 한다." 이런 의견이 세상에 나온 지 꽤 오래되었다. 지금은 기업의 사회적 책임Corporate Social Responsibility이 지극히 당연한 것이며, 이를 경영 이념 안에 포함하지 않는 기업을 찾아보기 힘들 정도다. 그러나 드러커의 기업론은 단순히 사회적 책임(CSR)을 다하면 된다는 식의 간단한 내용이 아니다. 모든 기업은 CSR을 갖고 있지만 CSR을 마음대로 규정할 수는 없다. 우선 기업을 비롯한 조직이란 것이 무엇인지, 《자본주의 이후의 사회Post-Capitalist Society》에 드러난 드러커의 견해를 살펴보자.

조직 사회에서 각 조직은 특유의 사명을 지닌다. 한 조직은 하나의 사명에 관해서만 유능하고, 그렇게 전문화되어 있는 경우에만 성과를 올리는 능력을 유지한다. 조직은 자신의 전문적 능력, 가치관, 기능을 뛰어넘는 문제에 부딪혔을 때 자신과 사회, 쌍방에 해를 끼친다.

-《자본주의 이후의 사회》

아마도 가장 중요한 부분은 '조직은 각각 특유의 사명을 지닌다'일 문장일 것이다. 조직에 사명이 있다는 것은 그 사명을 초월한, 관련이 없는 일을 CSR로 받아들이는 것이 착오라는 뜻이 된다. 그 점을 알기 쉽게 전달하기 위해 드러커는 이어서 다음과 같은 실제 사례를 들었다.

미국의 병원은 도시 지역의 의원을 통해 도시 지역 특유의 사회문제를 해결하려고 했지만, 아무런 기여도 하지 못했다. 미국의 학교도 인종차별 철폐를 시도했지만 무참히 실패했다. 하나같이 명분은 좋았다. 명분이 행동을 이끌어낸 것도 사실이다. 그러나 필요한 행동, 그들이 선택한 행동은 그들의 초점과 기능을 벗어난 일이었다. 게다가 그들의 능력을 훨씬 뛰어넘는 일이었다.

-《자본주의 이후의 사회》

드러커는 사회적으로 틀림없이 '선'으로 평가받는 활동도 그

것이 조직의 사명이 아니거나 사명을 뛰어넘는 경우, 그 활동은 실패로 끝난다고 주장한다. 이는 상당히 가혹한 이야기다. 현대에도 CSR을 '봉사활동' 수준으로만 인식하는 경영자가 매우 많기 때문이다. 개인의 일로 비유하면, 교통비까지 자비로 내가면서 기껏 봉사활동에 참가했더니 "당신은 이 봉사활동이 적성에 맞지 않으니 돌아가주십시오"라는 말을 들은 것과 같다. CSR은 봉사활동이 아니다. 기업이 존재하기 위한 사명 중 하나이며, 할지 말지 스스로 선택할 수 있는 종류의 것이 아니다. 그것은 기업의 의무이고, 더 정확히 말하면 기업의 본성이다.

> 경제적 실적이야말로 기업의 첫 번째 책임이다. 적어도 자본비용에 상당하는 이익을 올리지 못하는 기업은 사회적으로 무책임한 것이다. 사회의 자원을 낭비하는 것이기 때문이다. 실적을 올리지 못하는 기업은 다른 어떠한 책임도 수행할 수 없으며 좋은 경영자도, 좋은 시민도, 좋은 이웃도 될 수 없다. 그러나 경제적 실적만이 기업의 유일한 책임은 아니다. 또한 교육 성과만이 학교의 유일한 책임이 아니다. 의료 성과만이 병원의 유일한 책임이 아니다.
>
> -《자본주의 이후의 사회》

그렇다면 경제적 실적을 올리는 것 외에 기업은 어떤 활동을 해야 하는가? 그리고 그 활동을 어느 정도 해야 적절하다고 사회로부터 인정받을 수 있는가? 이에 대해 정형적이고 수치화한 결론은 내놓을 수 없다. 너무 모호하다고 비판할지도 모른다. 그러나 모호한 인생의 출발점에서 누군가가 "너는 이런 학교에 다니고, 이런 직업을 가지고, 이런 가정을 꾸려라" 말해 미리미리 가르쳐주지 않는 것처럼, 기업도 모호한 앞길을 나아가는 과정에서 날마다 정보를 수집하고 고민하면서 스스로 자신의 본성을 찾아가는 수밖에 없다.

공동체에 주목하라

기업이 가져야 할 적절한 태도가 무엇일까? 이 질문은, 바이간의 용어로 바꿔 말하면, '성을 깨닫는 것'으로 해결할 수 있다. 바이간은 기업에 관해 이야기한 적은 없지만, 각각의 직업에 적절한 태도는 구체적으로 고찰한 바 있다. 모든 고찰에 공통된 것으로 '사욕을 억제하고 타인을 배려하는 태도'가 있다.

앞서 다룬 피터 드러커의 《자본주의 이후의 사회》는 상당히 최근의 일을 다루었는데, 그가 이 책에서 전개한 주요 내용에 1990년대 이후 미국과 유럽에서 실현되고 있던 '지식사회'에 관한 논의가 있다. 이미 밝혔듯이, 이는 결코 역사의 특정 시기에만 적용할 수 있는 이야기가 아니다. 바이간의 논의가 막번 체제로 통치되던 시대에만 적용할 수 있는 이야기가 아닌 것과 마찬가지다. 아무리 시간이 흘러도 인간의 본성은 변하지 않기 때문이다.

공동체를 유지하는 일의 중요성은 이시다 바이간과 애덤 스미스 둘 다 느끼고 있었다. 물론 그들이 이상적으로 생각한 공동체의 구체적인 모습은 비슷하지 않았을 것이다. 하지만 인간이 '공동체 안에서만 선한 삶을 살아갈 수 있다'는 같은 의견을 가지고 있었다. 다만 공동체라는 존재를 철학적으로 파고드는 데 있어서는 바이간이 조금 더 뛰어났다.

바이간이 공동체에 집중한 이유는 그의 사상이 유학에 기반을 두고 있었기 때문이기도 하다. 앞서 설명했듯이, 유학의 정치철학은 '수신제가치국평천하修身齊家治國平天下' 아홉 글자로 표현된다. 뛰어난 위정자가 등장함으로써 나라가 평화로워진다는 것은 유학자인 바이간에게 올바른 인식이 아니었다. 평화를 실현하려면 개인이 도덕적으로 성장하고, 이어서 가정이 바로 잡혀야 결과적으로 사회가 안정된다. 이것이 바이간 사상의 기반에 있었다.

'수신제가치국평천하' 안에서 일반 서민이 관여할 수 있는 부분은 수신과 제가다. 제가에서 '가'는 일반적인 가정을 의미하기도 하고, 바이간이 일했던 상가商家를 의미하기도 한다. 바이간은 소수의 인원으로 구성된 공동체에 관해 깊이 생각했다.

심학은 여러 가지 도덕을 제시했는데, 특히 '효孝'에 관해서는 예사롭지 않을 만큼 집착했다. 효에 관한 집착은 바이간 본인뿐 아니라 제자와 그 제자의 제자, 그리고 그 이후로도 쭉 이어졌다. 가족과 직장을 화목하게 만들고 유지해나가는 것은 자신의 삶을 풍요롭게 만드는, 본성에 맞는 행동이라고 여겼다.

드러커도 가족을 비롯한 공동체의 중요성에 관해 여러 부분에서 역설했다. 그는 가족이 없다면 사회적 약자가 목숨을 부지할 수 없다면서 가족의 가치를 우리에게 재인식시켜주었다.

> 가족에 딱 달라붙어 있어야 했다. 인연이 끊어지면 곧 파멸이다. 1920년대까지 미국의 연극이나 영화에서는 아빠 모를 아기를 낳고 집으로 들어온 딸을 잔혹하게 내쫓아버리는 무정한 부모가 자주 등장한다. 이제 그녀에게는 두 가지 길밖에 없다. 몸을 강물에 던지든지, 몸을 팔며 살아가든지.
>
> -《자본주의 이후의 사회》

드러커에게서 '수신제가치국평천하'와 유사한 발상은 찾아볼 수 없다. 그는 사회의 크고 작은 공동체 사이에 유기적인 관계가 존재한다는 것까지는 인식하고 있지 않았던 것 같다.

가족주의가 재조명받는 이유

이시다 바이간과 피터 드러커의 사상은 의외로 공통된 부분이 많지만, 의견이 약간 갈리는 부분도 있다. 바이간이 앞서 말한 가家는 일반 가정을 의미하기도 하고, 상가를 의미하기도 한다고 이야기했다. 에도 시대 상가에는 주인과 그 가족뿐 아니라 수습생, 간부, 경우에 따라서는 지배인도 함께 살았다. 특히 바이간이 일한 구로야나기 집안처럼 어느 정도 번창한 큰 상가는 고용살이하는 인원이 많은 편이었다. 직장이 곧 가정이며 가정이 곧 직장이었다. 근대 이후의 서양적 개인주의로 이러한 에도 시대의 상가를 바라보면 큰 거부 반응이 일어날 것이다.

'시민성Citizenship'이라는 말은 현대에 와서 정치학자들이 사용하기 시작했으며, 시민성의 정착이 성숙한 사회의 조건으로 여겨졌다. 드러커는 시민성을 회복하는 방책을 꾸준히 추구했는데, 이와 관해서는 《기업의 개념Concept of Corporation》에서 다음과 같이 이야기했다.

> 이미 이 산업사회에서 시민성 회복을 위해 두 가지 시도가 이루어졌다. 그것은 바로 가족주의와 노동조합 운동이다. 둘 다 문제 해결로는 이어지지 못했다. 가족주의의 실패는 명백했다. 창업자에 대한 존경심을 품고 있는 고참 직원 외에는 가족주의가 아무런 의미도 없었다. 실패의 원인도 명백했다. 가족주의가 틀린 답이기도 했을 뿐더러, 틀린 물음에 대한 틀린 답이기도 했기 때문이다. 가족주의에서는 그럴 듯한 주장을 곧이곧대로 받아들인다. 말만으로 지위와 역할을 부여할 수 있다.
>
> -《기업의 개념》

드러커의 이야기는 어디까지나 미국 사회의 이야기일 뿐 이른바 일반론은 아니다. 그러나 그가 기업의 가족주의적인 성격을 시민성 회복에 이로운 것으로 인정하지 않는다는 점은 매우 중요하다. 가족주의라는 말은 보통 '가부장적 원리'와 '정서적 인간관계' 두 가지 측면으로 설명할 수 있다. 근대 이전에는 이러한 가족주의가 가족 외의 조직에서도 매우 흔하게 존재했다. 이는 서양 국가도 마찬가지였다. 자본주의의 발전과 함께 이러한 가족주의의 사고방식은 힘을 잃어갔는데, 그것은 조직의 거대화와 무관하지 않다.

일본에는 가족주의가 많이 남아 있다. 특히 중소기업에서 이러한 경향이 강한 듯하다. 어쩌면 단순히 '남아 있다'기보다는 또다시 '재조명받고 있다'고 표현하는 편이 더 어울릴지도 모른다. 현대에 볼 수 있는 기업의 가족주의는 가부장적 원리에 무게를 두지 않고, 주로 '정서적 인간관계'에 중점을 둔다.

조직이 경제적 이유만으로 구성된다는 것에 대해 본능적인 위기감을 느끼면서부터 가족주의가 재조명받기 시작했는지도 모른다. 미국에서는 능력이 뛰어나다면 더 높은 임금을 제시하는 직장으로 이직하는 것이 훌륭한 일이라고 평가받았다. 그 결과, 임원의 급여와 일반 직원의 급여 사이에는 아찔할 만큼의 커다란 격차가 생겨났다. 그런데 2008년의 리먼브라더스 사태 이후에 터무니없이 엄청난 급여를 받고 있는 대기업의 임원들에게 비판의 눈길이 쏠리기 시작했다. 물론 그들은 규칙을 어기지 않고 일도 훌륭하게 해왔는데 왜 비판을 받아야 하는지 모르겠다는 의견도 있다.

이는 다름 아닌 '규칙지상주의'의 산물이라고 생각한다. 거액의 퇴직금을 반복적으로 받으면서 막대한 재산을 모으는 것 자체는 전혀 법에 어긋나지 않는다. 그러나 '자기 이익'을 과도하게 추구하는 행위가 사회로부터 공감을 얻기는 매우 어렵다.

일본이 '정서적 인간관계'를 재조명하기 시작한 것은 조직을 지키기 위해서가 아니다. 오히려 조직이 개인의 보호막으로서 기능해야 한다는 사실을 사람들이 재인식했기 때문이다. 정서적 인간관계를 중시하는 기업은 대부분 신입 직원에게 연수를 받게 하고 선배 직원에게 지도를 받게 하면서 조금씩 그들의 힘을 발전시켜준다. 신입 직원은 몇 년 동안은 회사의 실질적인 힘이 되지 못하지만, 그렇다고 해서 혼나지는 않는다. 급여도 꼬박꼬박 지급받지만, 몇 년 동안은 회사에 공헌한 것보다 지급받는 임금이 훨씬 많다.

이는 마치 에도 시대의 상가 수습생과 같은 대우라고 하겠다. 상가 수습생에게는 급여가 없었지만 생활할 공간과 세 끼 식사를 항상 제공받았고, 명절이 되면 새 옷도 지급받았다. 상가는 그들이 장래에 상가에 공헌할 것이라 기대했기 때문에 그만한 대우를 보장해준 것이다. 요즘에 든든한 연수 기회를 제공하는 기업은 정서적 인간관계를 긍정하는 기업이라고 할 수 있다. 그러한 대우는 신입 직원들이 오랫동안 회사에 머물며 일해줄 것으로 기대하지 않는다면 불가능한 것이기 때문이다. 높은 비용을 들여 연수를 실시했는데 신입 직원들이 몇 년 안에 자꾸 퇴사하는 기업은 파산하고 말 것이다.

기업이 적극적으로 정서적 인간관계를 구축하면 직원들 사이에 애사심이 생겨난다. 애사심이 생겨난 직원들은 자신을 위해서만이 아니라 회사의 발전을 위해서도 애쓰게 된다. 전후 일본 기업에 뿌리내렸던 연공서열과 종신고용은 애사심을 더욱 높이는 방향으로 작용했다. 직원에게 애사심이 없다면 기업은 어떻게 될까? 직원에게 직장은 그저 급여를 받기 위한 장소가 되어버리고, 지금보다 더 많은 급여를 받을 수 있는 곳에서 스카우트 제안이 들어오면 직원은 냉큼 이직해버릴 것이다. 결과적으로 기업은 '노동을 제공하고 그 대가로 돈을 받는 곳'으로 전락한다.

자본주의 이후의 사회

• •

서양은 근대를 맞으면서 서서히 가족주의가 쇠퇴했다. 하지만 이것이 과연 자본주의의 발전과 연관성이 있을까? 피터 드러커는 미국 사회에서 가족주의의 부활이 시민성의 향상에 도움이 되지 않았다고 단언했지만, 다른 국가도 그랬을까? 이를 고찰하기 위해 드러커의 사상을 조금 더 살펴보겠다. 드러커는 《자본주의 이후의 사회》에서 가끔씩 의미가 모호해지는 '시민성'이라는 용어를 명확히 정의했다.

> 시민성은 나라를 위해 자진해서 공헌하고 나라를 위해 살아가겠다는 의지다. 자본주의 이후의 사회에서는 이 시민성의 회복이 가장 중요한 주제다.
>
> -《자본주의 이후의 사회》

매우 이해하기 쉬운 정의다. 시민성은 견해에 따라 의미의 범위가 한없이 넓어질 수 있는 용어지만, 드러커는 '나라를 위해 살려는 의지'라고 간결하게 설명했다.

그렇다면 '국가란 무엇이고, 국가를 사랑하는 마음이란 무엇인가?'에 관해서도 드러커의 생각을 살펴볼 필요가 있다. 다행히 그는 애국심에 관해서도 명확히 설명했다.

> 애국심은 나라를 위해 기꺼이 죽을 수 있다는 의지다. 20세기 초 마르크스주의는 노동자 계급이 더 이상 애국자가 아니라고 이야기했다. 노동자의 충성이 국가를 향하지 않고 그들의 계급을 향한다고 말했다. 하지만 그것은 잘못된 판단이었다. 오늘날에 이르기까지 국민, 특히 노동자는 내키지 않는 전쟁에서도 나라를 위해 기꺼이 죽으려고 한다. 하지만 애국심만으로는 불충분하다. 시민성이 필요하다.
>
> -《자본주의 이후의 사회》

드러커답지 않게 약간 거친 표현까지 사용하면서 애국심을 위와 같이 정의했다. 애국심이 '나라를 위해 죽을 수 있는 의지'고, 시민성이 '나라를 위해 살아가겠다는 의지'라는, 이해하기 쉬운 설명이다. 그리고 그는 애국심과 시민성 모두 성숙한 시대에 필요한 것이라고 역설했다. 어느 하나만으로는 커다란 문제가 일어나기 때문이다.

> 오늘날 개인은 투표와 납세 외에는 세상에 영향을 끼치거나 행동을 일으킬 방법이 없다. 시민성 없는 사회는 공허하다. 시민성이 없어도 내셔널리즘은 존재할 수 있다. 하지만 시민성이 결여된 내셔널리즘은 애국심에서 배타주의로 전락한다. 사회에 시민성이 없다면 사회를 통합하기 위한 책임 있는 헌신이 있을 수 없다. 세상을 개선하면서 생겨나는 만족과 긍지도 있을 수 없다.
>
> -《자본주의 이후의 사회》

애국심은 꼭 필요하지만, 시민성이 결여된 애국심만을 품은 사회는 배타주의를 인정하는 정신을 낳는다. 이러한 지적은 역사적 사실을 생각해본다면 금방 납득할 수 있을 것이다. 시민성을 지닌 시민이 국가 권력을 비판적으로 감시하는 일은 건전한 사회에서 이루어져야 하는 일이다. 또 그런 비판적 자세와 감시는 국가에 대한 사랑으로 이루어지지 않으면 단순한 파괴 활동에 지나지 않는다.

이렇게 생각하면 시민성과 애국심이 모두 필요하다는 점에 동의할 수 있다. 그러나 이 동의가 국가라는 공동체를 긍정적으로 볼 근거가 되지는 않는다. 더 깊이 생각해보기 위해서는 시민성의 역사에 관한 드러커의 설명을 먼저 읽어보아야 한다.

드러커에 따르면, 애국심은 동서양을 불문하고 모든 나라에서 찾아볼 수 있지만, 시민성은 명백한 서양의 발명품이며 그 원초적인 형태를 아테네와 로마에서 확인할 수 있다고 했다.

> 그러나 이 시민성은 로마의 붕괴와 함께 사라졌다. 중세에는 시민이 존재하지 않았다. 봉건영주는 가신을 거느리고, 도시는 중산계급을 거느리고, 교회는 신자를 거느렸다. 그러나 시민은 아무것도 가질 수 없었다. 일본 역시 1867년의 메이지 유신 이전에는 시민이 없었다. 다이묘는 가신을 거느리고, 도시는 동업조합의 장인을 거느리고, 종교는 신자를 거느렸다. 그러나 시민은 존재하지 않았다. 그러다가 국민국가가 시민성을 재발견했다. 국민국가는 시민성을 기반으로 건설되었다.
>
> -《자본주의 이후의 사회》

국민국가는 역사적으로 형성된 공동체를 기반으로 성립한 국가이며, 공통된 언어와 문화를 지니고 공통된 사회 활동을 영위한다는 특징이 있다. 근대적인 국가는 대부분 국민국가다.

드러커의 설명에 따르면, 서양 사회에서 한때 잃어버린 시민성은 국민국가의 탄생과 함께 부활했다. 이로써 '국가라는 공동체를 긍정적으로 볼 수 있는 이유가 명백히 드러났다. 시민성은 국민국가 없이는 존재할 수 없고, 애국심도 국가가 존재하지 않으면 무의미해지기 때문이다. 즉 국민성과 애국심이 필요하기 때문에 국민국가도 없어서는 안 되는 존재가 된다.

시민성을 생각하다

• •

이제 이시다 바이간의 이야기로 돌아가보자. 그가 국가를 긍정적으로 볼 때 사용한 논리는 피터 드러커의 논리만큼 어렵지 않다. 그는 '우리와 같은 서민이 평화를 누릴 수 있는 이유는 국가가 평화를 보장해주기 때문'이라는 논리를 편다. 사람은 혼자서 살아갈 수 없으며, 늘 공동체에 감사하는 마음을 지녀야 한다. 그 공동체 중에서도 가장 크고 강력한 것이 국가다. 그래서 자기 보존을 위해서라도 국가라는 틀을 올바르다고 인정할 수밖에 없다.

> 요즘 시대에 통일된 천하에서 살아갈 수 있다는 것은 감사한 일이다. 《맹자》에는 이렇게 쓰여 있다. '소와 양을 방목하는 땅을 목지牧地라고 한다. 남의 의뢰를 받고 소와 양을

키우는 자는 반드시 방목을 위한 목지와 목초를 원할 것이다. 목지와 목초가 있다면 소와 양은 자연스럽게 잘 자랄 것이다.' 또한 맹자는 백성을 보살피는 군주를 '인목人牧'이라고 불렀다. 지금은 천하가 잘 통치되고 있는 때이기에 각자의 직분만 다하면 자연스럽게 살아갈 수 있다. 이는 소와 양을 방목하면 자연스럽게 자라는 것과 같은 이치다.

-《제가론》

"사람들이 평온한 나날을 보낼 수 있는 것은 국가가 올바르게 통치되고 있어서다." 바이간은 이 말을 거듭 강조했다. 또한 그는 맹자의 말을 인용해서 평화로운 나라를 '목지', 안전하고 즐겁게 살고 있는 사람들을 '소와 양'으로 비유했다. 이는 사람이 국가를 떠나서는 살 수 없다는 사실을 알려주기 위함이기도 했다. 그리고 서민으로 하여금 항상 어진 정치에 감사하고 자신의 힘을 과신하지 않도록 강하게 훈계했다.

이렇게 깊은 뜻을 모르고, 안락하게 살고 있는 게 자신의 능력 덕분이라고 생각한다면 어리석은 일이다. 맹자도 "따뜻한 옷을 입고, 배부를 때까지 먹고, 안락한 삶을 살면서도 인간의 도를 모르는 것은 짐승과 다를 바 없다" 훈계했다.

-《제가론》

서민은 국가 안에서 살아가기에, 감사는 못할망정 비판하는 것은 옳지 않다. 드러커의 논의대로라면 바이간은 애국자다. 언뜻 보면 그가 무조건적으로 국가 체제를 찬양하는 것처럼 보이는데, 이는 커다란 오해다.

바이간은 상업의 중요성을 역설했는데, 이는 통치자의 가치관에 대항하는 일이었다. 그는 발전해가는 사회에 상업이 꼭 필요하며, 상업을 천하다고 비판하는 것이 잘못이라는 결론에 이르렀다. 마음속 깊이 이렇게 생각한 바이간은 금서로 지정되어 폐기 처분당할 각오까지 하면서 자신의 생각을 꿋꿋이 서적으로 간행했다. 즉 바이간은 국가를 진심으로 사랑하면서도, 명백히 부당하다고 판단할 수밖에 없는 사항에 관해서는 주저없이 비판의 목소리를 높였다. 시대적 제약 탓에 그 태도가 시민성을 지녔다고 보기에는 약간 무리가 있지만, 정신은 시민성을 표방하고 있었다.

유학을 토대로 한 바이간의 사상에서 국가는 세상의 개인이 덕을 쌓고 인격적으로 성장함으로써 평화로운 상태를 구현할 수 있는 장치기도 했다. 바이간은 올바르게 통치되는 국가에 올바르게 사는 사람이 많다고 인식했다. 당시 일본에 살던 사람들 대부분이 공통의 역사와 언어를 공유했다는 사실도 그의 사고방식을 받아들인 증거라고 생각한다.

위치와 역할이 인생을 빛나게 한다

바이간의 사상 중 가장 판단하기 어려운 것이 '형形에 의한 마음'이라고 하는 독특한 존재론이다. 형에 의한 마음은《장자》에서 착상한 것이지만, 바이간은 이를 독자적으로 해석해 활용했다. 형에 의한 마음을 빼놓고는 바이간을 이해할 수 없다. 그래서 나는 5장에서 '형'을 '자신이 처한 상황'으로 이해하는 것이 가장 적절하다고 논했다. 인생의 여러 상황에서 그가 바란 것은 '자신이 처한 상황에서 최선을 다하는 것'이었다. 이러한 삶을 지속함으로써 사람은 본성에 가까워질 수 있다.

진정한 나는 어딘가에 있는 이상적인 상황에 도달해 실현하는 것이 아니다. 그러나 내가 처한 상황에서 최선을 다하는 것이 아무리 중요해도, 그 상황에 너무나 큰 문제가 있다면 온 힘을 다해 발버둥 쳐도 자신의 본성에 다가갈 수 없다.

예를 들어, 겨우 취업한 기업이 노동기준법조차 지키지 않는 상태인데도 자신이 처한 상황에서 최선을 다하면, 자칫 목숨이 위험해질 가능성도 있다. 정해진 노동 시간을 지키지 않고, 과도한 노동을 강요하는 기업에서 아무리 열심히 일해봤자 자신의 본성을 자각하는 순간에 결코 도달하지 못한다.

그러므로 '형에 의한 마음'이라는 개념은, 지금과 같은 노동 문제에 관한 경우라면, 기업 측의 양심이 전제가 되어야 한다. 기업은 직원의 존재와 인생을 소중히 여기고 일을 시켜야 하는 것이다. 이것이 과연 과도한 요구일까? 결코 그렇지 않다. 우수한 기업가라면 당연히 행하는 일이다. 직원을 올바른 의미로 소중히 여기는 기업이 결과적으로 커다란 이익을 내는 것도 자연스러운 세상의 이치다.

기업에 대한 이러한 요구는 드러커도 명확히 이야기한 바 있다. 오해를 불러일으키지 않기 위해 그는 먼저 기업이 어떤 존재인지에 관한 일반적인 설명부터 시작한다.

> 기업은 생산자로서의 능력을 강화해야 비로소 사회의 대표 조직으로서 기능한다. 사회의 대표적 조직인 기업은 경제적 조직이자 정치적 조직이고, 더 나아가 사회적 조직이어야 한다. 기업은 생산자로서의 경제적 기능과 더불어, 그 자체가 커뮤니티로서 사회적 기능을 담당한다는 중요한 의미를

> 깨달아야 한다.
>
> -《기업의 개념》

기업의 목적은 이익을 올리는 데만 있지 않다. 드러커는 이를 반복해서 강조한다. 생산력을 높이고 이익을 얻는 것은 기업을 지속적으로 유지하기 위한 '수단'일 뿐이라고 말한다. 또 기업은 경제적 조직인 동시에 커뮤니티로서도 기능해야 한다고 말한다. 이는 도대체 무슨 의미일까? 드러커의 설명을 계속 따라가보자.

> 개인에게 위치와 역할이 필요하다는 것은 산업사회에서 인간이 사회적 위치와 자기실현의 기쁨을 기업의 일원으로서 얻는다는 것을 의미한다. 개인으로서 인간의 존엄은 직업을 통해서 얻을 수 있다.
>
> -《기업의 개념》

나는 어떤 사람인가? 나의 본성은 어디에 있는가? 그 답을 알기 위해 필요한 것은 명상 같은 게 아니다. 인간은 사회를 필요로 하고, 사회에서만 인생의 진정한 의미를 느낄 수 있다. 드러커는 인간에게 필요한 것이 위치와 역할이라고 설명했다. 직업을 통해 알 수 있는 자신의 위치와 역할이 인생을 빛나게 해줄 것이라고 주장했다.

> 혼란스러운 경제 상황처럼 자신의 힘으로 어찌할 수 없는 현상에 의해 사회적 위치가 좌우된다면 한 시민으로서의 역할을 다할 수 없다. 자신의 사회적 의미에서 비롯되는 만족감이든, 스스로에 대한 확신에서 비롯되는 만족감이든, 만족감은 직업을 통해 실현되어야 한다. 개인으로서의 인간은 선동이나 심리 조작에 의해서가 아니라, 현실의 중요한 존재로서 얻을 수 있는 존엄을 필요로 한다.

현대 사회를 살아가는 인간은 의식주만으로 만족하지 못한다. 자신이 사회에 필요한 존재이고 사회에 공헌할 수 있다는 실감이 행복감을 느끼며 살아가는 데 꼭 필요하다.

직원은 기업으로부터 올바르게 평가받고 적절한 곳에 배치되고 그곳에서 성과를 올림으로써 존엄을 얻는다. 이 점을 알면 기업의 책임이 무척 무겁다는 사실을 깨달을 수 있다. 단기적인 이익만 생각하고 직원의 삶을 경시하는 기업은 기업으로서의 자격이 없다. 이러한 드러커의 사고방식을 힌트로 삼는다면, 바이간의 '형에 의한 마음'이 오늘날을 살아가는 우리에게도 커다란 지침이 된다.

기업은 직원에게 올바른 역할과 적절한 위치를 제공하고, 직원은 '자신이 처한 상황'에서 최선을 다하면서 자신의 본성에 가까워진다. 자기실현이라는 단어에는 사람이 미지의 무언가로 변신하는 듯한 뉘앙스가 있으므로, 만약 바이간이 지금 살아 있다면 그 단어를 사용하지는 않았을 것이다. 직업을 통해 도달할 수 있는 곳은 전혀 모르는 장소가 아니라, 다름 아닌 자신의 본성이다.

오랫동안 불황에 시달리는 경제를 두고 온갖 경기 부양책이 제시되고 있다. '개인 소비 촉진'을 위한 부양책이 많다. 그 배경에는 돈을 많이 쓰면 경기가 좋아진다는, 의심하기 어려운 진리가 깔려 있다. 그러나 날마다 외치는 "소비가 미덕"이라는 소리를 들으니 약간 지겹다. 장기적 관점에서, '활발한 개인 소비를 찬양하는 정신'이 우리 사회에 좋지 않은 영향을 미칠 것이라 생각하는 이들도 꽤 많다. 바이간이라면 그 이유를 '인간 본성에 소비 욕망이나 그것을 정당화하는 심성은 갖추어져 있지 않기 때문'이라고 설명할 것이다. 소비 욕망을 부추기는 것은 인간의 본질을 위기로 내몰고 건전한 공동체를 무너뜨릴 가능성이 있다.

확대가족은 핵가족으로 변화했다. 한 가구의 인원이 줄었고,

총 가구 수가 늘었다. 여덟 명이었던 확대가족이 네 명씩 두 가구로 쪼개지면 가전제품의 수요가 두 배로 늘어난다. 한 대만 필요했던 냉장고는 두 대가 필요해지고, 마찬가지로 세탁기도 텔레비전도 두 대씩 필요해진다. 이처럼 인간의 공동체가 분할되면 상품에 대한 수요가 늘어난다. 이를 깨달은 기업과 기업이 속한 사회는 경제 발전을 지상 명령으로 여겼다. 결국에는 더 이상 쪼갤 수 없는 1인 가구가 크게 증가하기 시작했다.

개인 소비를 통해 호경기를 유지하려는 정책은 생각지도 못한 결과를 초래한다. 거듭 말하지만, 그런 정책은 인간 본성에 반하는 사고방식이다. 혼자 살기 시작한 사람들은 한없이 밀려드는 고독감에 시달린다. 이전에는 상상하지 못한 공포감이기도 하다. 바이간의 용어를 빌리면, 그들은 지금 형形에 반하는 상태기 때문이다. 공동체 안에서 살아가는 존재가 혼자 살기 시작하면서, 가족을 이루지 못할지도 모른다는 불안감에 시달리는 것이 소비를 부추기는 목소리로 인해 생겨난 결과임을 알아차리는 사람은 거의 없다.

지금 필요한 것은 '원리적 사고'다. 1인 가구가 증가하고 미혼율이 높아지는 상황을 보면서 '남녀가 만나는 자리를 더 마련해주면 되겠지' 같은 생각을 하는 정치가는 현상의 표면만 보는 어리석은 자다. 사회적 병리는 상상 이상으로 빠르게 진행되고 있다. 1인 가구의 급속한 증가는 무수한 현대 사회 문제 가운데 하나일 뿐이다.

바이간의 사상은 다양한 문제를 즉각적으로 해결할 속 시원한 대답을 해주지는 않지만 한 가지 중요한 사실, '모든 문제에는 겉으로 보이지 않는 뿌리가 있는데, 그 뿌리를 인식하지 않으면 해결 방법을 찾을 수 없다'를 깨닫게 해준다. 인간이 쉽게 해결하지 못하는 문제는 손쉬운 방책이 없기 때문에 어려운 것이다. 무엇보다 속도가 중요한 시대지만, 진정으로 중요한 목표는 우직하고 충실하게 실행해야만 달성할 수 있음을 다시 한번 인식해야 한다.

잠시 걸음을 멈추고 현재 자신이 처한 상황을 확인해보는 것도 중요하다. 바이간의 사상뿐 아니라, 과거의 여러 훌륭한 사상과 그것을 읽는 행위는 현대의 혼란에 정신적 거리를 두고 모든 것을 객관적으로 바라볼 수 있는 기회를 가져다준다. 이 책이 바이간의 사상을 이해하는 데 도움이 된다면, 또 현대의 사회·경제 문제를 해결하는 실마리를 제공해준다면 저자로서 더 바랄 것이 없다.

모리타 켄지

주요 참고 문헌

이시다 바이간 관련 문헌

· 시바타 미노루, 이시다 바이간 전집石田梅岩全集, 세이분도출판, 1956

· 이시다 바이간, 도비문답都鄙問答, 이와나미쇼텐, 1935

· 시바타 미노루, 일본 사상 대계 42 석문심학日本思想大系42 石門心学, 이와나미쇼텐, 1971

· 가토 슈이치, 도미나가 나카모토·이시다 바이간, 富永仲基·石田梅岩, 주오코론샤, 1972

· 모리타 요시오, 이시다 바이간이 추구한 상인도의 원점石田梅岩が求めた商人道の原点, 가와데쇼보신샤, 1991

· 이와나이 세이이치, 교육가로서의 이시다 바이간教育家としての石田梅岩, 리쓰메이칸출판부, 1934

· 시바타 미노루, 이시다 바이간石田梅岩, 요시카와코분칸, 1962

· 모리타 켄지, 이시다 바이간: 준엄한 상인 도덕가의 쓸쓸한 그림자石田梅岩: 峻厳たる町人道徳家の孤影, 가모가와출판, 2015

석문심학 관련 문헌

· 이시카와 겐, 석문심학사의 연구石門心学史の研究, 이와나미쇼텐, 1938

· 이시카와 겐, 심학: 에도의 서민 철학心学: 江戸の庶民哲学, 니혼게이자이신문사, 1964

· 이시카와 겐, 이시다 바이간과 도비문답石田梅岩と都鄙問答, 이와나미쇼텐, 1968

· 이시카와 겐, 증보 심학 교화의 본질 및 발달増補 心学教化の本質並発達, 세이샤, 1982

· 시바타 미노루, 바이간과 그 문류: 석문심학사 연구梅岩とその門流: 石門心学史研究, 미네르바쇼보, 1977

· 다케나카 야스카즈, 석문심학의 경제사상石門心学の経済思想, 미네르바쇼보, 1972

· 후루타 쇼킨·야마모토 신코, 석문심학의 사상: 마음과 검약의 철학石門心学の思想: 心と倹約の哲学, 페리칸샤, 1979

· 이마이 아쓰시·야마모토 신코, 석문심학의 사상石門心学の思想, 페리칸샤, 2006

· 로버트 벨라, 도쿠가와 시대의 종교徳川時代の宗教, 이와나미쇼텐, 1996

· 모리타 켄지, 석문심학과 근대: 사상사학으로부터의 근접石門心学と近代: 思想史学からの近接, 야치요출판, 2012

· 시바타 미노루, 데지마 도안 전집手島堵庵全集, 세이분도, 1973

· 시라이시 마사쿠니, 데지마 도안 심학집手島堵庵心学集, 이와나미분코, 1934

· 이시다 겐 교정, 도이옹도화道二翁道話, 이와나미분코, 1935

· 이시다 겐 교정, 송옹도화松翁道話, 이와나미분코, 1936

· 이시다 겐 교정, 구옹도화鳩翁道話, 이와나미분코, 1935

· 시바타 미노루, 석문심학石門心学, 이와나미쇼텐, 1971

경제학·경영학 관련 문헌

· 애덤 스미스, 국부론: 국가 풍요의 본질과 원인에 관한 연구国富論: 国の豊かさの本質と原因についての研究, 니혼게이자이신문사출판국, 2007

· 애덤 스미스, 도덕감정론道徳感情論, 닛케이BP, 2014

· 오규 소라이, 정담政談, 이와나미분코, 1987

· 스즈키 쇼산, 스즈키 쇼산 저작집鈴木正三著作集, 주코클래식스, 2015

· 피터 드러커, 매니지먼트マネジメント, 닛케이BP, 2008

· 피터 드러커, 산업인의 미래産業人の未来, 다이아몬드사, 2008

· 피터 드러커, 우에다 아쓰오, 기업의 개념企業とは何か, 다이아몬드사, 2008

· 피터 드러커, 자본주의 이후의 사회ポスト資本主義社会, 다이아몬드사, 2007

· 마쓰시타 고노스케, 인간을 생각하다人間を考える, PHP문고, 1995

· 마쓰시타 고노스케, 길을 열다道をひらく, PHP문고, 1968

'외국인의 일본 방문' 관련 문헌

· 매슈 캘브레이스 페리, 페리 제독 일본 원정기ペリー提督日本遠征記, 가도카와소피아문고, 2014

· 아르미뇬, 이탈리아 사절의 에도 시대 말기 견문기イタリア使節の幕末見聞記, 고단샤학술문고, 2000

· 에임 험버트, 그림으로 보는 에도 시대 말기 일본絵で見る幕末日本, 고단샤학술문고, 2006

· 카텐데이커, 나가사키해군전습소의 나날長崎海軍伝習所の日々, 헤이본샤, 1964

· 타운젠드 해리스, 사카타 세이이치, 해리스 일본 체재기ハリス日本滞在記, 이와나미쇼텐, 1953

· 이반 알렉산드로비치 곤차로프, 곤차로프 일본 도항기ゴンチャロフ日本渡航記, 고단샤학술문고, 2008

기타

· 가모 마사오·이치사카 다로·고토 주이치, 에도 시대 265년 뉴스 사전江戸時代265年ニュース事典, 가시와쇼보, 2012

· 후생노동성 공식 홈페이지 http://www.mhlw.go.jp

정의로운 시장의 조건

초판 1쇄 2020년 9월 25일
초판 4쇄 2022년 5월 6일

지은이 모리타 켄지
펴낸이 서정희
펴낸곳 매경출판㈜
옮긴이 한원
감수 이용택
책임편집 서정욱
마케팅 김익겸 이진희 장하라
디자인 김보현 김신아

매경출판㈜
등록 2003년 4월 24일(No. 2-3759)
주소 (04557) 서울시 중구 충무로 2 (필동1가) 매일경제 별관 2층 매경출판㈜
홈페이지 www.mkbook.co.kr
전화 02)2000-2634(기획편집) 02)2000-2636(마케팅) 02)2000-2606(구입 문의)
팩스 02)2000-2609 **이메일** publish@mk.co.kr
인쇄 · 제본 ㈜M-print 031)8071-0961
ISBN 979-11-6484-173-8(03320)

책값은 뒤표지에 있습니다.
파본은 구입하신 서점에서 교환해 드립니다.

이 도서의 국립중앙도서관 출판예정도서목록(CIP)은 서지정보유통지원시스템 홈페이지(http://seoji.nl.go.kr)와 국가자료공동목록시스템(http://www.nl.go.kr/kolisnet)에서 이용하실 수 있습니다.
(CIP제어번호: CIP2020037292)